# 車椅子インストラクターという仕事

岡野善記
蜂須賀裕子
著

# もくじ

第1部　車椅子インストラクターという仕事
操作技術と新車開発……………岡野善記

1 車椅子テクニックの意味 009
日本ではじめての専門家／自立のための車椅子

2 スウェーデンでの体験 027
仕事中の事故／今の僕にできること／師匠との出会い
リハブ・ステーション・ストックホルムでの研修／やりたいことをやればいい社会
車椅子インストラクターの道／人事・人材開発・新人教育担当

3 車椅子の開発 057
3・11と車椅子テクニック／「766」設立

4 車椅子インストラクターの視点 073
子どもと車椅子／普通の生活
できないことを知ること／街に出る車椅子
車椅子インストラクターという仕事


## 第2部 ユーザー七人に聞く

私と車椅子……蜂須賀裕子
朝霧裕さんに聞く たくさん笑って、私は自由な歌姫 105
上山のり子さんに聞く 姿勢がよくなると、ファッションもメークも変わる 117
佐藤智さんに聞く 目的はただひとつ、楽しく暮らすこと 127
清水直也さんに聞く 声を上げていくと、地域は便利になっていく 139
藤田典子さんに聞く 伝えていきたい、楽しくかっこいい乗り物だと 149
堀内賢一さんに聞く キャスター上げができれば、居酒屋にも気軽に行ける 161
三浦義之さんに聞く オプションを加えていくと、自分だけのものになる 171

## コラム　橋本和雄（こっぱ舎）

車椅子（モジュラー式）の各部名称と構造　015
レクレテーリング・グルッペンの活動　042
補装具費支給制度の流れ―18歳未満・車椅子の場合―　083
車椅子ユーザーと3・11　114
ドラマの中の車椅子　125
車椅子ユーザーの通学・通勤　136
簡易型電動車椅子の利点と欠点　147
車椅子ユーザーの住まい　158
車椅子のネット情報　168
車椅子の球技　179

あとがきにかえて　181
付属DVDの構成　184

# 第①部 車椅子インストラクターという仕事

## 操作技術と新車開発

岡野善記

1

# 車椅子テクニックの意味

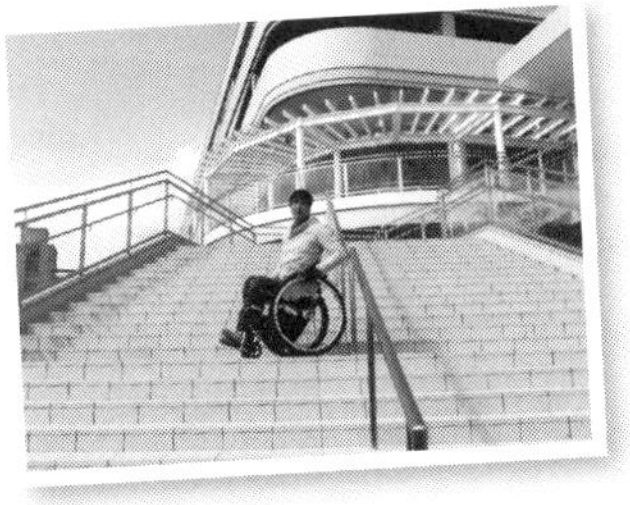

なんて軽やかに動くんだ！　その車椅子は氷上を滑るようによどみなく動いている。車椅子を操っている人に視線を移すと、ぴんと伸びた背中が目を引いた。Tシャツの上からでも背筋の張りが分かる。優雅な車椅子捌《さば》きはウォーキングにたとえるなら、無駄のない、テンポのよい歩き方ということになるだろうか。僕の目はしばし、その車椅子の動きに釘付けになった。車椅子は一〇センチの段差を静かに、何事もなかったように越えていく。

二〇〇四年一〇月、東京で開催された国際福祉機器展（HCR）でのことである。スウェーデンの車椅子メーカーが、段差越えや階段昇降などの車椅子テクニックの実演をしていた。車椅子を操作しているのは、スウェーデンからやってきた講師らしい。

僕は片言の英語で、その人に話しかけた。

「車椅子の漕《こ》ぎ方を、操作の方法を教えてくれませんか」

その人は笑いながら、こう答えた。

「いいよ。スウェーデンにおいでよ」

これが、僕と師匠、オーケ・ノルステンさんとの出会いである。この出会いがなければ、僕の人生は今とはまったく違うものになっていたはずだ。こんなにも車椅子にのめり込まなかっただろうし、車椅子インストラクターという仕事にも就いていなかったと思う。

## 日本ではじめての専門家

幼児から中学生まで、それぞれ真剣に車椅子を漕ぐ。ハンドリムをつかむ位置はどこか、どう腕を動かしたらいいのか、僕の実演のあとにみんなが続く。子どもたちのお母さんやお父さんは、ほかの見学者と同じくギャラリーだ。保護者がぴったりくっついていては練習にならない。

初対面で最初は緊張していた子どもたちも次第に打ち解けて、仲間のちょっとしたミスに笑いあう。キャスターをちょこっと上げて段差をうまくクリアした三歳児の〝どや顔〟にギャラリーの人々が微笑《ほほえ》む。周囲は終始ざわつき、ときおりアナウンスが流れ、とても落ち着ける状況ではないのだが、この決して広くはない空間がなんだか別世界のように感じられてしまう。僕と参加者の子どもたち——車椅子ユーザー同士の気持ちがつながっているということなのだろうか。

二〇一四年一〇月三日、毎年秋に東京で開催されるHCRの最終日。僕は、主催者側が企画した「子ども広場で広げよう!!」というイベントで車椅子インストラクターを務めることになった。リハ工（一般社団法人日本リハビリテーション工学協会）や横リハ（横浜市総合リハビリテーションセンター）の協力を得てのイベントだ。

HCRの会場、東京ビッグサイトのホール一画に例年特設されている「障害児のための子ども広場」を使っての実施。今年はじめての試みで、参加者は公募と車椅子メーカーの呼びかけに応じてやってきた。子どもたちは自分の車椅子か、パシフィックサプライやパンテーラ・ジャパンなどの業者が提供する車椅子に乗っている。僕の創業した会社「766」で開発した「Airly（エアリー）」に乗っている子もいる。

車椅子インストラクターと言っても、ほとんどの人は、「何それ？」だと思う。なぜなら、日本ではじめての車椅子インストラクターが僕であり、かつ僕は宣伝が苦手なのだ。車椅子などの福祉用具を扱う「こっぱ舎」の橋本和雄さんから、この本づくりを提案されたとき、しばしの躊躇《ちゅうちょ》を経て決断した。車椅子インストラクターとはどんな仕事であるか、車椅子ユーザーにとって車椅子とは何なのか、ユーザーでない人にも知ってもらいたい。そのための本をつくる。車椅子——かわいそう、大変そう、お手伝いすることあるかしら、そんなふうに思われている人・思っている人を一人でも減らしたい。

そして、なにより歩けない人、歩くのが苦手な人に伝えたい。車椅子に乗って街に出よう。君ならできる、あなたにもできる！

まだ、車椅子のことが分からない人もいると思う。ハンドリムやキャスターがどこを指すかなど車椅子の構造については、コラム「車椅子（モジュラー式）の各部名称と構造」を参照してほしい（P15参照）。

僕は現在、「車椅子テクニックセミナー」「車椅子ワンデイセミナー」「車いすで広げよう!!」というイベントで、インストラクターをやっている。前の二つは車椅子テクニックセミナー主催で事務局はこっぱ舎が担当、もう一つはパシフィックサプライが主催。参加費は前者は有料、後者は無料だ。ちなみに、こっぱ舎もパシフィックサプライもＮＰＯなどではなく、車椅子等を扱う業者（株式会社）である。自動車の教習所のように、車椅子にもきちんとした操作技術や心構えの習得が大切だとの思いからビジネスの枠を越えて活動を展開しているのだ。ほかにも、福祉関連のＮＰＯなどから単発に講義・講習を頼まれ

## 車椅子の構造

| 車椅子の部位 | 基本仕様・選択の目安 | 選択できる項目 |
|---|---|---|
| ①本体フレーム | ・座面奥行調整（4段階）<br>・クロームモリブデン鋼<br>・粉体塗装 | ・フレームの基本形状<br>・座幅<br>・フレームカラー |
| ②バックサポート（背もたれ） | ・背座角度調整<br>・ベルト張り調整 | ・高さ調整式<br>・シェル構造クッションへの対応 |
| ③背クッション | ・メッシュ地 | ・ユーザーに合わせた個別対応可<br>・オリジナルの背・座一体型 |
| ④押し手グリップ | ・腕を回して体の支えにも<br>・付けないユーザーも多い | ・固定式<br>・高さ調整式 |
| ⑤アームサポート | ・移乗時の支えとしても | ・跳ね上げ式<br>・高さ調整式 |
| ⑥座クッション | ・快適性と褥瘡予防にも | ・各種既製品<br>・オリジナルの背・座一体型 |
| ⑦サイドガード | ・服の汚れ防止<br>・状況により使わないことも | ・樹脂<br>・アルミニウム<br>・カーボン |
| ⑧ブレーキ | ・手の届く範囲<br>・操作のしやすさ | ・標準的なレバー<br>・収納式 |
| ⑨車軸（リアアクセル） | ・カーボン複合素材<br>・キャンバー角付き | ・前後位置固定式<br>・前後位置調整式 |
| ⑩足台（フットサポート） | ・高さ調整<br>・移乗時なども考慮 | ・固定式<br>・跳ね上げ式 |
| ⑪転倒防止補助輪 | ・テクニックがあれば不要 | ・折りたたみ収納式<br>・長さ調整 |
| ⑫キャスター | ・キャスターにかかる荷重<br>・使用環境を考慮 | ・車輪径<br>・車輪の材質（ゴム・ウレタン）<br>・室内用・屋外用(クッション性) |
| ⑬後輪 | ・クイックレリーズ<br>（ワンタッチで車輪を脱着） | ・車輪径<br>・車輪・スポークの材質や種類<br>・タイヤの太さ・色・表面のパターン<br>・ノンパンク |
| ⑭ハンドリム | ・タイヤとの隙間（リム間隔）<br>微妙な違いも操作性に影響 | ・アルミニウム硬質アルマイト処理<br>・滑り止めコーティング<br>・リム間隔 |

コラム

# 車椅子（モジュラー式）の各部名称と構造

サイズや仕様の異なる本体フレームや付属品を組み合わせることができるものを「モジュラー式」という。

モジュラー式車椅子の ZERO（ゼロ）を例に、リジッドフレーム（固定式）車椅子の概略を説明する。

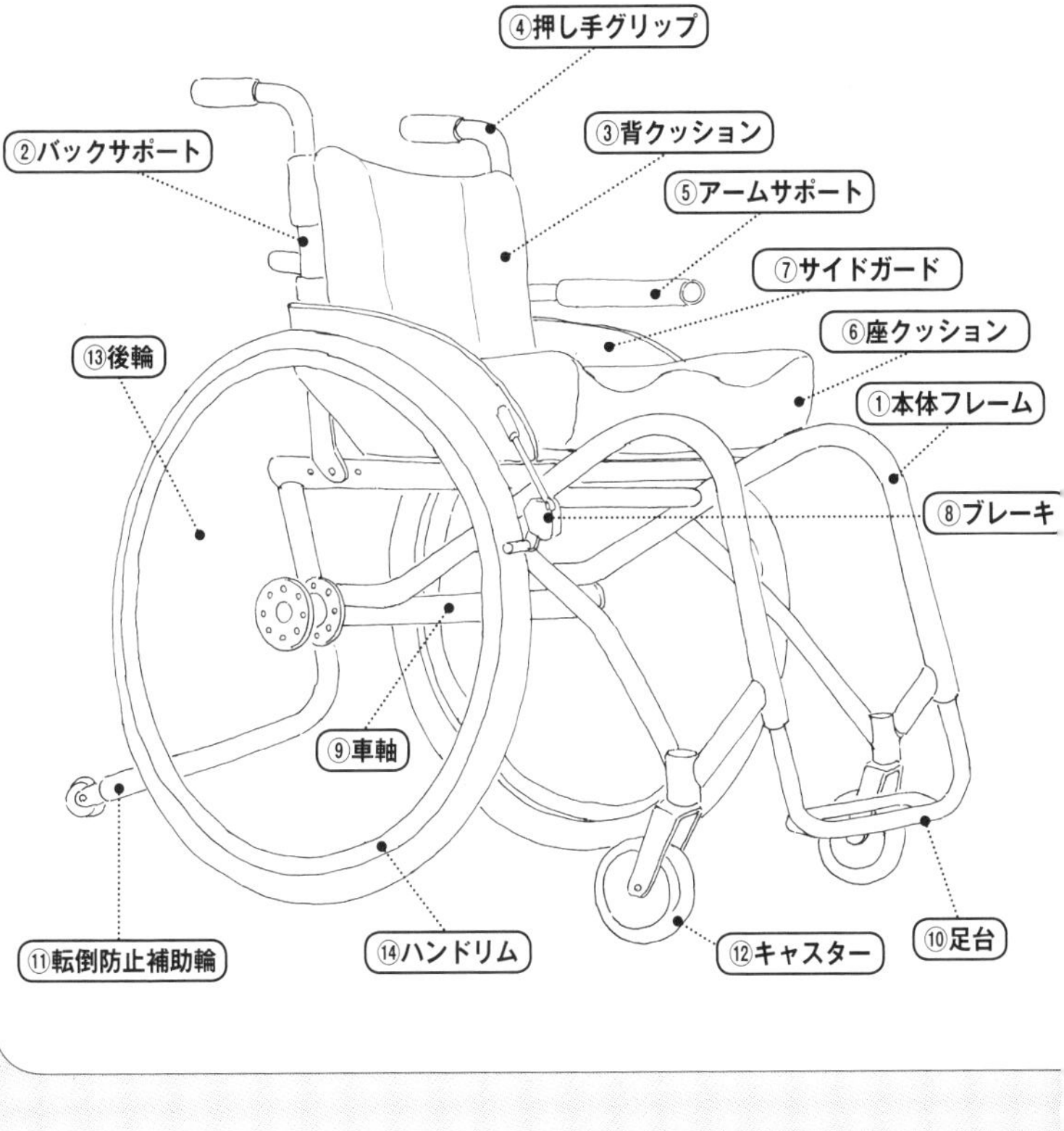

ることがある。

「車椅子テクニックセミナー」は開催期間が三泊四日か二泊三日で、操作技術の習得にとどまらず、参加者同士の交流や情報交換の場にもなっている。パシフィックサプライなどの協力を仰いで車椅子を借り集め、ユーザーの家族やきょうだいたちにも車椅子に乗ってもらい、いっしょにセミナーを楽しむ。

「車椅子ワンデイセミナー」はテクニックセミナーのミニ版と言えるだろう。開催は朝から夕方までの一日、場所はこっぱ舎のあるさいたま市。子どもから大人まで参加者の顔ぶれは多彩で、手動だけでなく、電動車椅子のユーザーもいる。子どもの車椅子ユーザーは、電車やバスを乗り継いで会場にやってきた大人の車椅子ユーザーを頼もしく思う。子どものユーザー同士でも、年少の子は年長の子を手本にするところがあるようだ。また、先輩ユーザーの話に耳を傾けたり、親同士で学校情報を教えあったり、休憩時間もそれぞれ有効に利用している。

「車いすで広げよう!!」は二〇〇九年一一月から全国各地で開かれている。一日かけて操作技術の基本を学ぶもので、参加者は子どものユーザーが多い。パシフィックサプライがこうしたイベントを開くのは、社長の川村慶さんの社会貢献への強い意志があってのこ

第１部

# 車椅子インストラクターという仕事

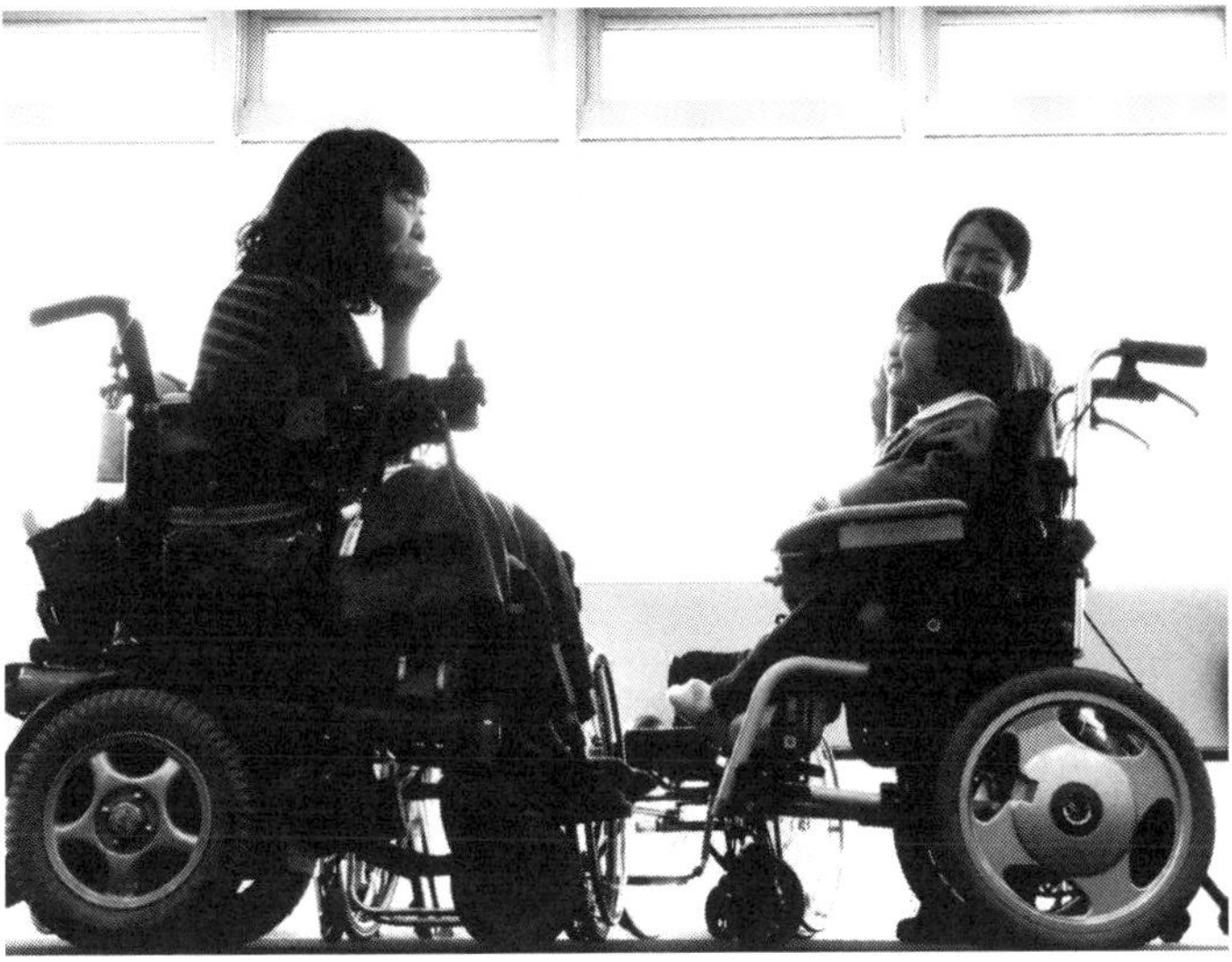

車椅子テクニックセミナーの休憩時間。車椅子の先輩ユーザーとの語らい

とだ。自社が扱うドイツ・マイラ社の車椅子をPRする意味もあると思うが、開催数はすでに四〇回を越えている。グループ会社の川村義肢は創業七〇年、従業員は同社とパシフィックサプライ合わせ七〇〇名近い。業績、規模とも業界としてはトップクラスの企業が、採算を度外視した活動を継続していることに頭が下がる。開始から今日までこのイベントに携わってきた戸室浩司さんは同社東京本社の所属。彼のような熱心なスタッフたちの存在が継続を支えている。

一方、車椅子テクニックセミナーの始まりには、スウェーデンの車椅子メーカー、パンテーラ社の存在が大きい。これについては、コラム「レクレテーリング・グルッペンの活動」を参照してほしい（P42）。イベントの名称も、当初はスウェーデンの例にならって、「車いすトレーニングキャンプ」と言っていた。

日本で、このキャンプがはじめて開かれたのは二〇〇二年、場所は静岡県の御殿場で講師はバーント・ショベリーさん。〇三年も同じ場所と同じ講師で開かれ、〇四年は場所が静岡県の朝霧高原で講師はオーケ・ノルステンさん。以上三回まではキャンプという名が相応《ふさわ》しい山の中の青少年施設だった。〇五年以降は、それまでの担当者がスウェーデンに渡ったことから事務局がこっぱ舎に代わって、開催場所も埼玉県ないし東京都にある施設になっている。

また、○九年までは毎年一回秋、HCRの開催時期に合わせて、パンテーラ社の協力でスウェーデンから講師を招いていた。○四年第三回の講師が冒頭の「スウェーデンからやってきた講師」――僕の師匠となるオーケ・ノルステンさん、その人だ。そして僕は、翌○五年にはピーター・ファルストロームさんのお手伝いをするゲスト講師として、さらに○六年にはニッケ・サルネスさんの、○七年にはロニー・パーソンさんのアシストとして参加、○八年からは僕がメイン講師となり、今日に至っている。

○七年からは、車椅子ユーザーで玄人創業社長の小林玄宣さんも講師の一員に名を連ねた。一三年には車椅子トレーニングキャンプを始めたメンバーが日本に帰国して事務局を務めて、小林さんが代表となって「日本車いす協会」を設立。日本のレクレテーリング・グルッペンをめざしたが、残念ながら活動は続いていない。

スウェーデンの活動に触発されて始まった、車椅子テクニックを楽しみながら学び、次代を担うロールモデルを生み出していこうという動き。人や場所を変えながらも継続していることを嬉《うれ》しく思う。僕も、いろいろな場でこの活動の芽を育んでいきたい。

## 自立のための車椅子

「みなさん、車椅子は押してもらうものだと思っていませんか。そうではありません。車椅子は自立するための道具です。道具としての車椅子を上手に使う必要があります。そのために、まず車椅子を自分に合わせてセッティングすることが大切です。動かし方のコツもあります。個々のユーザーに応じた情報も必要です。こういったことを教えるのが車椅子インストラクターである僕の仕事です」

車椅子のセミナーや講演会で、車椅子インストラクターという仕事を一言で説明してほしい、と言われたとき、僕はこう答えることにしている。

近年、僕が関わる車椅子のセミナーは、全国各地で年に五、六回。セミナーでは、ハードウェアとしての車椅子の構造やからだとの関係、ソフトウェアとしての車椅子の操作技術、その両方をバランスよく知ってもらえるよう心がけている。実際に車椅子に乗って、無駄なく楽に漕ぐことの意味や、キャスター上げから段差越えに至る一連の技術などを体験してもらっている。

これまで僕が出会った参加者の年齢は二歳から六〇歳代までと幅広く、障害の種類も車

段差越えは力でなくタイミング。「コツさえ分かれば、簡単」を実演

椅子歴もまちまちである。僕のような中途障害者もいれば、脳性麻《ま》痺《ひ》など小さいころからうまく歩けなかった人、進行性の筋疾患で歩くのが難しくなっていく人もいる。セミナーのプログラムどおりにやることよりも、その人なりにできることややりたいことを発見してもらうことが大切だと思っている。

セミナーは一方通行ではなく、僕自身参加者から学ぶことが多い。それが次のセミナーの糧にもなっている。

セミナーは僕の自己紹介から始める。次に、自分の車椅子などを例に、からだに合った車椅子の大切さについて話す。それをもとに参加者たちの車椅子のセッティングをする。セッティングはユーザーのからだの状態、室内用や外出用など各々の生活の用途に応じても変わる。自分の車椅子で参加する人、主催者が用意した車椅子に乗り換える人、はじめて車椅子に乗る人、短い時間で臨機応変に的確な対応をするのは結構大変だ。そのため、セッティングは主催者側のスタッフといっしょに行なうことが多い。いずれにしろ、道具としての車椅子が乗り手にフィットしていることは、からだが安定しリラックスし、テクニックの習得を進めるための前提である。

セッティングができてきちんと座れたら、次は漕ぎ方だ。意外に思われるかもしれないが、病院などで車椅子の正しい漕ぎ方を教えてくれるところはほとんどない。ハンドリムをこまかく漕いで動かすのではなく、大きく投げるように漕ぐと効率よく疲れずに動くことができる。前や後ろに漕ぐ方法と同時に、止まり方＝ブレーキも練習しておかねばならない。前進・後進・停止の次は、旋回と方向転換などを練習する。こうした基本動作をしばらく続け、ひととおり参加者が体験したあとは、応用操作に移る。緩やかな勾配《こうばい》の下りや上り走行をする。ハンドリムの扱いだけでなく、からだや頭を前後に動かしてバランスをとることを確認してもらう。応用編の中心はキャスター上げと段差越えのテクニックになる。キャスター上げは車椅子の生活において行動範囲を広げるための重要なポイントになる。応用テクニックの終盤はエレベーターの乗り方、出入り口のドアの開閉などである。また、コーヒーやカップ麺など熱いものを持って移動するときのテクニックも説明し、実際に体験してもらう。時間があれば、ボールを手渡すリレーやコーンを置いてのスラローム走行などゲーム感覚を取り入れ、車椅子を楽しんでもらう工夫もする。

あらかじめ想定したプログラムはあるが、それぞれの参加者が生活の中で何をしたいか、何に困っているかなどの要望を捉《とら》えるなかで、プログラムを柔軟に変えていく。参加者の要望に応え、階段の上り下りを披露することもあるが、これについては危険なので真似しないことが前提条件になっている。ただ、後述するように、震災でビルの上階に取り残された場合など、どうしても自力で下りなければならないときもある。車椅子でも下りられることを知っておけば、パニックを避けられるのではないか。階段の手すりを頼りに腕を使って車椅子とともに一段ずつ下りるわけだが、自分一人ではできなくても、上手にサポートする人が一人いれば、案外簡単にできることでもある。ほかのテクニックと同様に、〝力ワザ〟ではないのだ。

危険と言えば、付属DVDでも注意しているが、キャスター上げも後ろに転倒する危険がある。キャスター上げを禁止している病院もあると聞いたことがある。

車椅子の操作性と安定性は主に重心の位置（後輪の位置で変わる）によって決まる。アクティブに動ける人を対象にした車椅子は後輪の取り付け位置を前にするため、操作性はいいが安定性が悪い。いわゆる高齢者向けの車椅子より転倒しやすい構造なのだ。転倒防止用の補助輪をつけた車椅子もあり、バランスを崩して後ろに倒れそうになったとき、つっかえ棒になる。しかし、転倒防止用の補助輪があると、車椅子が重くもなり、車に積み込むときなどに邪魔になることがある。また、段差昇降の際、補助輪が引っかかり、車椅子のバランスをくずし転倒する危険もある。

キャスター上げをして、安定してバランスを保てるようになれば、補助輪に頼らずにすむ。とは言え、キャスター上げに習熟したユーザーでも、背中に重いバッグなどを下げたときなどにちょっとしたバランスの崩れで転倒することもあるから、十分な注意が必要だ。

また、キャスター上げの練習は一人でやらずに、信頼できる人に補助をお願いし、万が一転倒しても頭を打ったりしないようにマットを敷くなどの配慮をしたい。キャスター上げができるに越したことはないが、上肢や体幹に麻痺や運動障害のある人は無理をせず、転倒防止用の補助輪を活用してほしい。

テクニックの実際は、読むよりもＤＶＤで見るほうが分かりやすいので、この辺で実技

第1部

# 車椅子インストラクターという仕事

これまでの車椅子テクニックセミナーの参加者は2歳から60代まで。2015年5月の開催が10回めになる

説明は終わりにしよう。

僕は中途障害なので、車椅子歴は一五年ほど。だから、「車椅子の操作に慣れるまでが大変だったでしょう」とよく言われるが、実は今も健常者のときの身体感覚をそのまま使っている。自分が持っている心身のあらゆる感覚を使えば、車椅子はより楽に操作できるし、乗り心地もより快適になる。この感覚を自分以外の人にうまく伝えることが僕の課題の一つでもある。

# 2
# スウェーデンでの体験

今さら言うのもおかしいけれど、僕は車椅子インストラクターをめざしたわけではない。そもそも、そんな仕事があるなんて知らなかった。それなりにいろいろなことはあったが、僕はごく普通に育ってごく普通?の青年になった。

第四回車椅子テクニックセミナーで講師に招かれたピーターさんは、湖への飛び込みに失敗して車椅子ユーザーになったという。参加者の質問に答えて、次のようなことを語った。

「ケガをして最初は辛《つら》かったけど、今は良かったこともたくさんあると思っているんだ。テニスの選手になって世界各国に行って試合をしている。こうして日本にだって来られた。以前のままの僕だったら体験できなかったと思うよ」

強がりのように思う人もいるかもしれないが、僕の考えもピーターさんと近い気がする。車椅子インストラクターという仕事は、今になって思えば僕向きの仕事と言えそうだ。メカ好き、心理学好きとくれば、ハード面、ソフト面ともに興味を持ち続けることができる。

## 仕事中の事故

僕の脚が動かなくなったのは、二〇〇一年六月三〇日、二四歳のときだ。そのときの僕は、パラグライダーとハンググライダーのインストラクターを生業《なりわい》としていた。インストラクターは、生徒であるお客さんに飛び方を教えるだけでなく、エリアの管理も任される。練習場の掃除や草刈りも僕らインストラクターの仕事だ。

パラグライダーとハンググライダーはどちらも上昇気流を利用して動力なしで飛ぶスカイスポーツ。パラグライダーは細長い楕円形のパラシュートにぶら下がり、左右の手に握った操縦コードでコントロールする。ハンググライダーは三角形の大きな翼の下にハーネスで体をつるし、機体につながるコントロールバーにあずける体重の移動で操縦をする。

子どものころ、パイロットにあこがれていた僕は、大学に入ってパラグライダーとハンググライダーのサークルに入った。このサークルを見つけたときは、「やった！」と思った。空が飛べるのだ。実際に空を飛んだときは、本当に感激した。この思いが高じて、仕事にしてしまった。空の飛び方を教えるスポーツインストラクターだ。空を飛べるのだから、掃除や草刈りで泥だらけになるのは、まったく苦にはならない。トータルで楽しい仕事だった。

その日もエリアの草を刈るために斜面でトラクターを操作していた。急斜面を下りる。あれっ?と思った瞬間、トラクターがバランスを失い、そのまま横転した。僕にはスローモーションビデオを見るようにトラクターがゆっくり倒れていくように感じられた。が、それは一瞬の出来事だった。僕はトラクターの下敷きになった。

救急車で病院に搬送された。脊髄損傷《せきずいそんしょう》——腰椎《ようつい》一番が粉々に砕けてしまったのだという。中枢神経がだめになってしまったから、僕の脚はまったく動かなくなった。

八か月間の入院生活。最初に運び込まれた病院で脊髄損傷に対する手術を受け、二か月が過ぎてからリハビリが受けられる関東労災病院に転院した。僕と車椅子の本格的な付き合いはここから始まった。

しばしば、「アクティブなスポーツをやっていたのに、車椅子の生活を強いられることになるなんて、ショックじゃなかったですか」と聞かれる。が、僕は入院当初から、退院してもこれまでどおりの生活に戻るのは無理だろうと察していた。そう考えたのは、僕がからだを使うスポーツインストラクターという仕事をしていたからでもあった。障害を負ったからだで、インストラクターとして復帰することは、まず不可能だろう。今思えば、障害を受け入れるまで、それほどの時間はかからなかったが、やはり、それなりの葛藤《かっとう》はあった。

リハビリ病棟には、さまざまな患者がいた。入院が長くなると、どちらからともなく患者同士が言葉を交わすようになる。話題は今日の天気や食事の献立から始まって、ケガや入院のきっかけ、そして家族や仕事のことにまで及ぶ。年齢も性別も仕事も異なるが、互いにいろいろな話をするにつれて、それぞれの考え方や生き方も見えてくる。このとき、僕は人生というのは、心の持ちようで良くも悪くもなるのだ、ということを悟った。

もちろん、病状や時間の経過によって少しずつ考え方も変わっていくが、障害を負った人は大きく二つのタイプに分けることができた。一つは、どうして今のような状態になってしまったのだろうと、過去に原因を追い求める人たち。もう一方は障害をどう受け入れるか、どう行動すべきかと考え、今の状況に適応しようとする人たちである。僕の考えは、じきに後者に落ち着いた。これには多少、僕の個人的な体験も影響しているかもしれない。

僕には四歳下の妹がいた。彼女には生まれつきの障害があった。筋肉が徐々に弱くなっていく筋ジストロフィーという先天性の病気だ。一三歳で亡くなるまで、僕はバギーに乗せられた妹と生活をともにしてきた。だから、車椅子や障害者に対するイメージは、ほかの人よりずっと鮮明だったと思う。

両親、特に母は毎日、妹の世話で精一杯だったので、僕はそれなりの我慢も強いられた。中学生のころまでは、自分から「これをやりたい」「これがほしい」とあまり言えない子……そして実際に、いじめられっ子でもあった。今ではほとんど信じてもらえないが、中学生までは運動オンチ。クラスメートに「おまえ、本当に運動神経ゼロだな」と言われるくらいからだを動かすのは苦手だった。勉強も嫌い。つまり、いじめられっ子の素質は十分だったのだ。しかし、内気ではあったが、やりたいことに対しては、かなり前向きだった気がする。車大好き、機械大好き、アニメオタクでもあった。

そんな理由で、脊髄がだめになったら歩けなくなる、ということをわりと素直に受け入れることができた。同時に、ただ歩けないだけで、頭のほうはこんなにしっかりとしているじゃないか、とも思った。自分自身を含めていろんなことに負けたくない気持ちもあった。僕の場合は好きな仕事で障害を負ったのだから、これで引っ込んでしまったら、自分でなくなるなど、と……。

一〇〇日泣いて脚が治るなら、そうしただろうけれど、泣き続けていれば、きっと僕の周りには誰もいなくなる。一時的な同情は買えても、暗い人間の周りには人は寄りつかないだろう。中学生までのいじめられっ子の僕には友達と呼べる人はあまりいなかったが、受傷当時の僕にはたくさんの仲間がいた。気心の知れた友達もいた。こいつらを絶対に失いたくない。メソメソして友達を失うくらいなら、カラ元気でも楽しく過ごそう。心だけでも早く復帰して、みんなと同じラインに立ちたい――そう思った。

このとき、僕の目標は決まった。目標は歩くことではなく、社会生活での自立である。

## 今の僕にできること

今の僕にできることは何か。今の僕にしかできないことは何か……。事故のあと、二か月間は寝返りさえ打てず、ベッドから起き上がることも食事もトイレも何一つ一人ではできなかった。家族や友達は「動けるようになるまでは、いくらでも手を貸すよ」「気にしないで、今くらい甘えろよ」と言ってくれたが、「されるだけ」という状況は想像以上に辛かった。僕にとっては、歩けなくなったという事実よりも、されるだけの生活のほうが何倍も堪《こた》えた。もちろん、周囲に対する感謝の気持ちはある。だけれど、いつもいつも「ありがとう」を言うだけの生活はもどかしい。耐えられないと思った。

これまでの僕は、誰にも頼らなくともいろいろなことができた。日常生活のあれこれはもちろん、パラグライダーもハンググライダーもスキーも、高校生のときは自転車レースにも出場した。走ることだって飛ぶことだってできたのだ。そして、僕は他人の役に立つことをするのが好きだった。インストラクターという仕事を選んだのも根っこに、この気持ちがあったと思う。

しかし、自分がされる側に立ったとき、これまでの自分は少し思い違いをしていたのかもしれないと気づいた。他人のために何かをするのは、他人に喜んでもらえるのは誰だって気持ちがいいのだ。その快感のために、僕は他人に何かを施《ほどこ》していたのかもしれない。これは、言い方を変えるなら、自分が気持ちよくなるために、他人を利用していたということなのだ。これでは、ただの自己満足だ。自分も相手も双方が満足できてこそ、いい関係が築けるのだ。

僕はこれまでの考え方を改めようと思った。僕も友達も、教える人も教えられる人も、仕事を依頼する人も依頼される人も満足できる関係づくりが大切なのだ。「されっぱなし」じゃなくて、こちらも何かしてあげなくっちゃ――そう思ったら、やることはいっぱいあるはずだ、と思えた。やるべきことが漠然とだが、見えてきた。

そのとき、僕の頭の中にあったのは、心理カウンセラーという仕事だった。スポーツインストラクターをしているときにも心理学には興味があった。ハンググライダーやパラグライダーで空に飛び出すには、いつも不安がつきまとう。不安があると、なかなか上達しない。この不安を解消し、心にゆとりを持つことができれば、風にうまく乗り、より楽しく飛ぶことができる。生徒たちの不安をどうやって取り除いていくかがインストラクターの課題の一つでもあった。これは心理学の分野だ。当時の僕は心理学を学べば、何らかの解決の糸口がつかめるかもしれないと考えていた。

また、そのころ、いっしょに飛んでいた仲間が一人、二人と鬱《うつ》になった。原因は仕事や家庭のことなどそれぞれ異なるが、いつのまにか姿を見せなくなり、「あいつ、鬱になったんだって……」という噂を耳にする。この鬱という症状への興味も僕が心理学を学ぶ大きな動機となった。

実は、僕は工学系の大学を中途で放り出して、スポーツインストラクターの仕事に就いていた。大学を辞めたのは勉強がおもしろくなかったからだが、それは明らかに目的意識が希薄だったからである。高校卒業後、僕は電気電子工学を学ぼうと大学に進学した。電気電子工学という分野を選んだのは、自転車や自動車などの機械が好きだったからだが、ここで何をやれるのか、何をやりたいかまでは考えてはいなかった。当時は、具体的にやりたいことなどなかったのだと思う。

しかし、今の僕には具体的に知りたいことや学びたいことがたくさんある。だから、もう一度、大学に入り直して心理学を学ぼうと決めた。仕事や恋愛、人間関係などで悩んでいる人は少なくない。そういう人たちの心の状態を知り、よりよく生きるための手伝いがしたいと思った。今で言うキャリアカウンセリングの分野であるが、そのときの僕は他人のためというよりも、他人（人間）の心のありように興味があった。これなら車椅子の僕にもできる。

## 師匠との出会い

事故の翌年、僕は立正大学の心理学部へ入学した。入院中、かなりがんばって受験勉強をしたつもりだったが、一度で合格できたのはラッキーと言うほかにない。二度目の大学生活は楽しかった。充実していた。専門科目はもちろん、基礎英語などの必修科目もおもしろかった。先生も友達も最高だった。行動心理学などのレポートを書いたり、性格と遺伝について友達と議論したり、一日一〇時間以上、大学にいることもあった。

車椅子を使う生活には、すでに慣れていた。当時の車椅子は折りたたみ式のもので、カーボンのホイールもなかなか格好がいい。ただし、すぐに腰が痛くなる。なんとか我慢して使ってはいたが、どうにも疲れるのだ。足に合わない靴なら、いつか靴のほうが負けてくれるが、車椅子はそうはいかない。長く座っていると、苦痛になるので、読書や勉強にも集中することができない。活動範囲が広がれば広がるほど、車椅子の生活に限界を感じるようになった。何とかしなければ、と思っていた。

もっと自分に合う車椅子があるかもしれないと、東京ビッグサイトで開催されていた国際福祉機器展（HCR）を訪れたのは、二〇〇四年一〇月のことだ。僕は二七歳、大学三年生になっていた。

車椅子のブースを覗くと、国内外のさまざまなメーカーが出展していた。もちろん、試乗もできる。そこで、目に入ったのがスウェーデンのメーカーが行なっていた車椅子テクニックの実演だった。僕は、その車椅子の軽やかな動きと乗り手の男性の姿勢のよさに目を奪われた。そのシーンは、今でも僕の脳裏にくっきりと焼きついている。このメーカーがパンテーラ社。同社のパンテーラU2という当時の最新モデルの車椅子を操っていたのが、僕の師匠となるオーケ・ノルステンさんである。

彼の車椅子は、一生懸命に漕いでいるわけではないのに速やかに動く。細かく何度も漕がずに、ゆるやかに大きく漕ぐので動きも優雅だ。段差があっても、助走なしに、ぽんと軽くクリアして進む。オーケさんの動きには無駄な力はまったく使われていないのだ。それまで見てきた車椅子の人は、忙しく小刻みに漕ぎ、段差があれば力まかせで越えようとしていた。

その後、僕が車椅子インストラクターになってから、それは改めて思った。多くの人は小刻みに漕がないと動かないと勘違いしているかのようだった。段差は徐々にスピードをつけていき、その勢いで上がろうとする。それでは、車輪が段を上がり切れないと、弾き飛ばされて車椅子ごと後ろに転がることもある。

オーケさんの車椅子を漕いでいるときの姿勢のよさは、信じられないくらいカッコよかった。たかが姿勢のことかと思うかもしれないが、よい姿勢を保って座っているのは健常者でもけっこう大変なのだ。車椅子バスケットなどアクティブなスポーツをしている人たちでさえ、車椅子を漕ぐときの姿勢はきれいとは言えないこともある。僕自身も病院のリハビリ担当の看護師から、「岡野さん、あなた、スポーツマンなのに姿勢が悪いのね」と言われ、悔しい思いをしていた。

今だから言えるのだが、車椅子を快適にカッコよく乗りこなすためには、それなりの条件が必要になる。それは車椅子本体の性能、乗り手のからだの状態にあった車椅子のセッティング（最近では、シーティングということも多い）、乗り方（操作技術）――この三つの要素が不可欠なのだ。これらすべてが揃って、車椅子ははじめて乗り手のものになる。

一つめの車椅子本体の性能に関しては、まず、折りたたみ式（フォールディングフレーム）か固定式（リジッドフレーム）かで異なる。固定式は折りたたむことはできないが、フレームの構造もシンプルで部品の数も少ないので、車輪に加えた力が逃げず、軽快な操作が可能になる。ちなみに、パンテーラ社の車椅子はすべて、このタイプだ。折りたたみ式と固定式の簡単な見分け方は、座面の下にバッテン形のクロスブレースという構造があるかないか。このバッテンがあると折りたためる。固定式にはこれがない。

ただし、車椅子それぞれの性能については ちょっと見ただけでは分からない面がある。同じような車椅子でも実際に座ってみると、一センチの高さ、一度の角度で、乗り心地や操作性は異なってくる。これは自転車と同じだ。極端な例をあげれば、ママチャリとロードバイクは自転車としての基本構造は同じだが、乗り心地も操作性も異なる。一日一回近所に買い物に行くならママチャリでもいいが、乗り続けるなら遠くへ行くなら、やはりロードバイクだろう。

二つめのセッティングも重要だ。車椅子の基本構造がしっかりしていれば、背もたれ（バックサポート）を腰の裏側全面に添わせるように調節でき、骨盤を起こして支えられる。これなら、長時間座っていても疲れにくく、痛みも出にくい。上体も安定する。そして、三つめは乗り方。当時の僕は、操作技術を学ぶことを主目的に置いて、オーケさんのいるスウェーデンに渡ることにしたのだった。三つの要素が分かってくるのは、その後のことである。

オーケ・ノルステンさんは、ストックホルム郊外にある車椅子使用者を専門とするリハビリ施設「リハブ・ステーション・ストックホルム」で車椅子の操作技術の指導をしていた。当時は五〇歳くらいだったと思うが、交通事故で一〇代後半から車椅子生活を送り、車椅子ユーザーという立場で、同じような状況にある仲間たちと操作技術を研究・実践。その技術を他の車椅子ユーザーたちに広めるために指導者となった。スウェーデンでは車椅子インストラクターの第一人者として知られている。

HCRで、オーケさんに車椅子テクニックのレクチャーを依頼し、快諾してもらったものの、一か月間のスウェーデン留学となると、研修費をはじめ旅費や滞在費など一〇〇万円ほどの費用が必要となる。この費用をどうやって調達するかが当面の問題だった。何かいい方法がないか、と周囲の人たちに相談しているうちに自分の所属する立正大学の夏期留学制度が利用できるのではないかという話になった。僕はこれに応募することにした。募集枠は二名だが、条件さえ整えば、助成が受けられる。足りないぶんは、これまでの蓄えとアルバイトで何とかなるだろう。

一年後の二〇〇五年八月、大学四年生の僕はストックホルムにいた。

## リハブ・ステーション・ストックホルムでの研修

僕の留学の目的は、車椅子のことをもっと知ることだった。車椅子でさまざまなことを

## レクレテーリング・グルッペンの活動

レクレテーリング・グルッペン（RG）はスウェーデンにある団体。車椅子ユーザー自身がロールモデルになり、新たに車椅子ユーザーになった人たちが、基本的な生活技術や車椅子の操作などを学べる場を作ろうとして始まった。設立は一九七六年。同じ年に受傷したヤッレ・ユングネルさんもRGの主要メンバーとして活動していた。

RGは英語のリクルートグループ＝勧誘グループという意味。病院などに出向いて、脊髄損傷など受傷して間もない人に、励ましと勧誘の活動をしていた。

「大丈夫だよ、心配することないよ、僕を見てごらん。こうして街にも出られるし、仕事だってできる。結婚して子どものいる人だって特別じゃない。退院したら、一緒に車椅子キャンプに行こう」

こう話しかける相手は、見ず知らずだったりもする。RGの活動は、仲間を増やして権利を主張し、政策にも反映させるという目的も持つ。参加型社会のスウェーデンらしいとも言えるだろう。

当初は、病院に入院患者を訪ねても、怪しまれたりしたが、徐々に理解が進み、そのうち病院のほうから、精神的に落ち込んでいる患者がいるのでサポートしてくれないかなどと来訪を要請されるようにもなった。

一方、七〇年代半ば過ぎから革新的な車椅子が発表されていく。アメリカのクアドラ（七六年）、スイスのクシャール（七七年）、

## コラム

アメリカのクイッキー（八〇年）などだ。ヤッレさんもRGの活動とあわせて車椅子の開発に取り組み、スピンネル（八〇年）などを作っていた。そして、八九年にはパンテーラ社を創業、以降パンテーラは幼児から高齢者向けまでモデルの多様化を進めていく。

パンテーラをはじめとした革新的な車椅子の特長は、軽く丈夫で操作性がいいことだ。だからこそ、段差の乗り降り、階段の昇降やエスカレーターの利用もできるのだが、そのためにはテクニックも必要になってくる。

しかし、そうしたテクニックを一人で身につけるのは容易でないし、危険でもある。自動車の運転を習うのと同様に、車椅子の操作技術や関連する知識を正しく学習できる場があるといい。RGは当事者同士の学び合いとして始まったのだが、リハビリテーションの専門家を対象に実践的な知識や技術を伝えるプログラムを持つまでになっている。

パンテーラ社の現社長は、高校生のときからRGにボランティアとして参加していた人物。後にヤッレさんにスカウトされた。ヤッレさんは経営を彼に任せた後は、開発に専念し、車輪も含め四・四キロという世界で最も軽いカーボン素材の車椅子「パンテーラX」を生み出している。

現在、RGはスウェーデン国内だけでなく、海外の車椅子関係者との交流や支援にも力を入れている。

日本の車椅子テクニックセミナーは、パンテーラの輸入がきっかけになった。そこには「優れた車椅子に乗って相応しい技術を身につけ、生活を広げよう！」というRGのメッセージがある。

してみたかった。車椅子のスペシャリストになり、快適なカッコいい車椅子乗りになろうと目論んでいた。

事故の後、関東労災病院で車椅子に乗ったとき、最初に僕は医師や理学療法士（ＰＴ：Physical Therapist）から乗り方やメンテナンスの指導を受けた。運よくこの病院に転院したことで、僕はたくさんの情報を得ることができたのだった。あとになって分かったのは、多くの車椅子ユーザーは動かすための最低限の説明しか受けられないということだ。車椅子は手で車輪を前に漕ぎ出せば、とりあえず動く。バックするときは後ろに漕げばいいのだ。だから、動かし方だけなら説明はいたって簡単。だが、これだけでは生活のあちこちでさまざまな支障が出る。段差が越えられない。ホームから電車に乗り込めない。大きな物が運べない。車椅子からトイレの便座に移乗できない。そして、少し長い時間乗っていると、腰や肩が痛くなる。

医師の仕事は患者の病気を治療することだ。また、ＰＴの仕事は運動療法で患者の身体機能を向上させることである。だから、彼らに患者それぞれの生活面のすべてのアドバイスを求めるのは無理な相談なのかもしれない。が、それにしてももう少し何か――車椅子の快適な乗り方やルールについてビギナーに教えてくれるシステムがあってもいいのでは

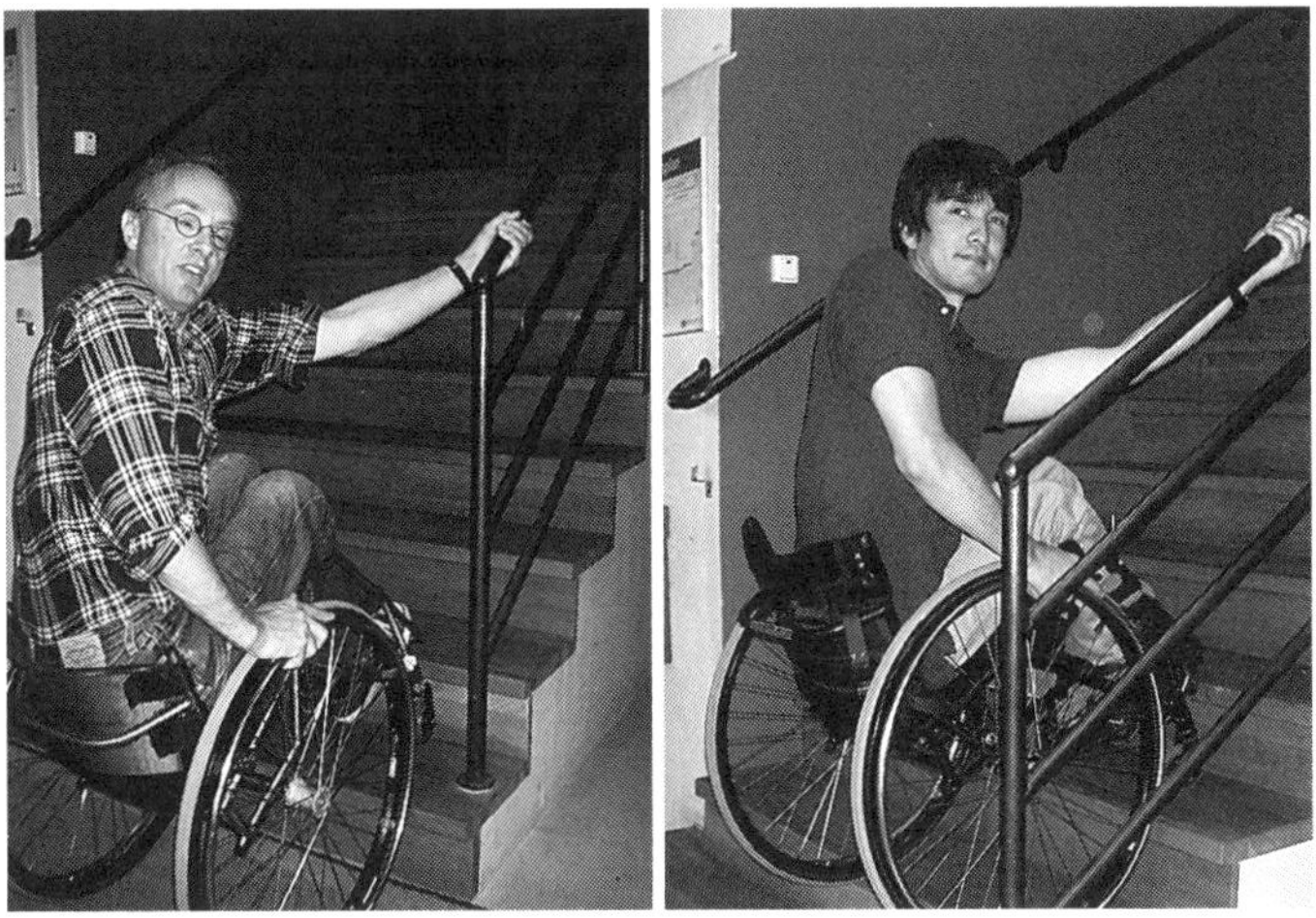

師匠のオーケ・ノルステンさん（左）と、階段上りの練習をする

ないか。

車椅子の操作は正しい漕ぎ方が基本になる。しかし、車椅子の漕ぎ方は普通は誰も教えてはくれないのである。

スウェーデンでの一か月間は驚きと納得の連続だった。リハブ・ステーション・ストックホルムでの研修は、毎日五、六時間。車椅子について基礎から学ぶことができた。ちなみに最初の一〇日間は通訳つき。後は電子辞書とパソコンを味方に片言の英語でのやりとりである。

研修は日常生活に即した実践的な内容だったが、僕ら車椅子ユーザーが何となく見逃してしまうようなことがらも少なくなかった。

僕らのある一日を朝からたどってみると、車椅子ならではの、ちょっとした困りごとはいろいろあるのだ。でも、僕らは困っても当然だと思っていたし、そこに危険が潜んでいるなんて思いもしない。

たとえば、車椅子に乗ったまま熱い飲み物を持ったり、運んだりする場合、その手は必ず車輪の外側に置くこと——僕のように下半身に麻痺《まひ》がある者は、熱い飲み物を膝などにこぼしても気がつかず、火傷を負うことがあるからだ。このとき、車椅子のハンドリムをどうやって漕ぐかが問題になるが、これはもう一方の空いている手を使い、左右の車輪を交互に漕ぐ。または飲み物を片方の車輪の外側に持ち、空いた手の側の車輪を漕ぎ、次に飲み物の位置を変えずに空いた手に飲み物を持ち替えて、空いた手の側の車輪を漕ぐ——これを交互に行なえばいいのである。

当初の僕の留学の目的は、快適にスマートに車椅子を乗りこなすことだった。要するに、自分自身のために車椅子テクニックを身につけようと、研修を受けていた。ところが、研修三日目、オーケさんが僕に突然、こう言った。

「君はインストラクターになるべきだ。今からインストラクターコースに切り換えるから、全部覚えて、日本に帰りなさい」

なぜか僕は、素直に納得した。たしかに、これらの車椅子テクニックは、日本に持ち帰るべきだ。日本に広げる価値がある、と。そうだ。やれるだけ、やってみよう。

## やりたいことをやればいい社会

オーケさんに勧められて研修の合間に、ほかの施設の活動も見学することにした。障害のある人が集うカヌーやヨットなどのクラブ、精神障害者施設、日本で言うところの特別支援学校などである。

そこで僕は、またもやスウェーデンという国のすばらしさを再認識した。ここには障害のあるなしにかかわらず、やりたい人がやりたいことをやれる環境があるのだ。もちろん自己責任はともなうが……。

僕が見学に行ったヨットクラブの練習場には、初心者から上級者のキャリアプランがつくられていて、ここでも障害の有無にかかわらずどんなレベルの人もレクチャーが受けられる。これはスウェーデンでは、ごく普通のことだ。そして、インストラクターは基本のポイントだけ教えると、「大丈夫。あとは自分でやってごらん」と、ヨットの操縦をその人にまかせてしまう。これには、僕もびっくりしたが、スウェーデンでは、まず、その人が何をやりたいかが優先される。障害の程度や種類よりも、その人が何をしたいかが重要なのだ。インドアで読書を楽しみたい人、スポーツをしたい人、ショッピングに行きたい人……そのために必要なことをインストラクターがコーディネイトし、車椅子ユーザーにはオーケさんのようなインストラクターが指導してくれるのである。

日本にもこういった場がないわけではないが、「おまえ、車椅子だからバスケットやれよ」といった具合に、障害の種類と既成のメニューを当てはめることが多いようだ。日本では、個人個人の希望は依然として後回しにされがちに感じる。

とは言うものの、日本にもすごい人たちがいた。僕は今、チェアスキーの指導もしているが、チェアスキーをやる人の中には、型破り、いや、自分がやりたいことを貫いている人が少なくない。僕ら脊髄損傷者は下肢の感覚がないので、毎日ちゃんとしたベッドでしっかり寝なくてはいけないとずっと思い込んでいた。が、スキー場に行ったら、なんと車の中で寝泊まりしている人がいるし、露天風呂に浸《つ》かっている人もいるのだ。それがチェアスキーをやっている人たちだった。そうか、障害があるから、「これをしてはいけない」「あれは危ないからやらない」と決めつけるのはナンセンスだ――がんじがらめの枠をつくっているのは、僕のほうだ。これは、目から鱗《うろこ》が落ちる思いだった。

今、僕はチェアスキーの仲間たちと雪の中で軽口を叩きながら、ときにはわざと相手のからだのバランスを崩し、スキーごと雪の上に倒したりしながら、「ほらっ、これでどうだ?」「また、こけさせられたよ。ハハハ…」と、ふざけあっている。傍《はた》から見たら、乱暴なあぶない行為に見えるかもしれないが、僕らは、これが本当に楽しいのである。

実はスウェーデンで、僕は自分の心の中に巣くっていた偏見にも気づかされた。視覚障害者協会に見学に行ったとき、道具室で点字メジャーを見つけた。目の見えない人たちがこれを何に使うのだろうと、不思議に思っていたら、「大工仕事をするのさ」と、さらりと言われた。その部屋には金槌《かなづち》や鋸《のこぎり》、ドライバーなどもあった。僕は、相手の限界を勝手に決めていたのだ。健常者が車椅子の僕らを見るのと同じように、僕は盲目の彼らを見ていたのだ。盲人の一人が言った。「僕らにできないのは、車の運転くらいかな(笑)」と。

また、精神障害者施設を訪れたときも驚かされた。みんなが集まってさまざまな活動を行なう部屋に大きな鋸が置き放しになっていたのだ。「こんなものを置き放しにしておいていいのですか。危なくないのですか」という僕の問いに対する答えは「特に問題ないよ」。何に対して恐怖や不安を覚えるかは、人それぞれ。心を刺激するものは人によって違うということである。この部屋には障害者とスタッフがいるはずなのに、僕には最後まで誰が障害者で誰がスタッフなのか、まったく分からなかった。

アウトドア用の四輪バギーに乗って山に遊びに行く脳性麻痺の女性、スウェーデン語と英語を話すバイリンガルの知的障害児……日本では出会えない人たちに出会うたびに、僕の偏見は少しずつ小さくなっていった。障害をその人の特徴の一つと考えれば、その特徴はこちらの受け取り方しだいで、長所にも欠点にもなるわけだ。

車椅子の乗り方を学ぶために、わざわざスウェーデンまで行くなんて、僕はかなりの変わり者かもしれない。しかし、僕にとってスウェーデンでの体験は、その後の人生を決定づける重要なものとなった。

## 車椅子インストラクターの道

二〇〇五年の夏、スウェーデンから帰った僕は少しずつだが車椅子インストラクターとしての道を歩みはじめた。まだ大学生であったが、スウェーデン留学の話が朝日新聞などに取り上げられたこともあり、NHKの「ラジオ深夜便」に出演したり、福祉関係の講演会などに招かれるようになったのだ。そこでは車椅子テクニックも披露した。講演や取材をこなしながら、僕は車椅子テクニックを社会に広める意義を再認識した。さらに車椅子インストラクターという仕事の必要性を強く感じていた。

留学から始まった、この一連のできごとで、僕の行く末を案じていた両親の心配がいくぶん軽くなったのは思いがけない収穫だった。僕のことが書かれた新聞記事を読んで、両親は少しは僕を見直してくれたと思う。これは嬉しいことだった。

が、僕の頭の中では「君はインストラクターになって、そのテクニックを社会に広めていくべきだ」というオーケさんの言葉がいつも響いていた。車椅子乗りのテクニシャンとしてメディアに取り上げられるのは人によっては気持ちがいいことかもしれない。引きこもっている車椅子ユーザーを街に引っ張り出す、それなりの効果もあるだろう。が、僕に与えられた使命は、車椅子を使う人たちにとって日常生活の中で実際に役立つテクニックを伝えていくことなのだ。これは、車椅子の操作だけでなく、周囲の人たちにどう介助してもらえば、スムーズに快適に生活していけるか、ということも含まれている。車椅子ユーザーに、これらすべてをきちんと伝えるためには、車椅子テクニックを学べる場づくりも考えなければならない。

僕ら車椅子ユーザーは、不安にかられることがよくある。それは、車椅子で一〇〇キロ先の目的地をめざすが、あと二〇メートルというところで高い城壁に阻まれる——常にこんな不安を払拭《ふっしょく》できずにいる。たとえば、健常者が車で東京から名古屋の美術館まで行くとする。東名高速道路を順調に飛ばして、あと一キロというところで、道路が閉鎖されていることに気づく。ほかに回り道はない。しかたがないので、そのまま東京にとんぼ返りする。それしか方法はない——僕らはこんな思いをしているのだ。

僕らは目的地の近くまでは行けるのに、動線がつながっていないばかりに、最後のハードルがクリアできない——これが車椅子なのだ。スロープがない、段差を越えられない、エレベーターがない、公共交通に乗車できないなど、その障害はさまざまである。

これらの障害をクリアするためには、車椅子の操作テクニックと、自分がどの部分をどう介助してもらえば、その障害がクリアできるかを知っておかなければいけない。そのためにも、僕がスウェーデンで学んだテクニックと知識を車椅子ユーザーたちに広げたいと思った。

スウェーデンの路線バスの運転手は、運転だけではなく、すべての乗客を目的地へ運ぶことが仕事だと心得ている。だから、車椅子の客がいれば、バスに乗り込みやすいように速やかにスロープを出すし、バス停でも極めて的確な位置に停車してくれる。ほかの乗客もノンステップバスが来ると、乗りやすいように配慮してくれる。とにかく車椅子とベビーカーに慣れている。もっと驚いたのは、ノンステップバスが来ない場合は乗客たちが力を合わせて車椅子の人を持ち上げ、バスに乗せてくれる——これが一回きりでなく毎回なのだ。

ここで大切なのはスウェーデンの車椅子ユーザーは、自分ができることの限界を知っているということだ。「この段差は自力でクリアできるが、あそこの階段は介助が必要だから、手を貸してくれ」と、周囲に躊躇することなく頼む。つまり、コミュニケーション力とマネージメント力があると、より快適な環境が手に入る。

僕は、こういったことを少しでも多くの人に伝え、社会のバリアフリーに対する意識を底上げしていきたい。もっと多くの車椅子の仲間に街に、社会に出てきてほしいのだ。

そのためには、まず総合的な車椅子のテクニックを教えるセミナーが必要だ。車椅子インストラクターとして、その場で実技指導が行なえれば、少しずつでも確実にアクティブな車椅子ユーザーを増やしていけるはずだ。さらに、個々のユーザーが日常生活の中で困っていること、やりたいことに対して適切なアドバイスや情報も提供し、さまざまな角度からサポートしたい。

そんな思いでいるところに、車椅子テクニックセミナーの実行部隊から声がかかり、セミナーで講師をするピーター・ファルストロームさんのアシストをすることになった。彼はスウェーデンのオーケさんらの活動を通じて育った、いわば第二世代のインストラクターだ。日本からの要望を受け、忙しいスケジュールをやりくりして来日してくれたという。アシスタントではあったが、このときが——これが僕の車椅子インストラクターとしてのデビューだった。その後の同セミナーとの関係は前述のとおり。大学卒業後は心理カウンセラーなど心理学を生かした仕事をめざしていたが、同時に車椅子インストラクターとして独り立ちしようと決意した。二足の草鞋《わらじ》ではあるが、どちらも本気だった。

僕が車椅子インストラクターとして本格的に動きだすのは、もう少し先のことである。

## 人事・人材開発・新人教育担当

二〇〇六年、大学を卒業した僕は、ＩＴ関連企業の「人事・人材開発」に職を得た。いわゆる人事部の教育係だ。人材育成プランの作成から企業内インストラクション（教育・指導）を行なう。

勤務時間が長く心身のストレスも多い日本の企業では、ノイローゼになったり、鬱などを発症する人が少なくない。僕は人事の視点から、そういった人たちが置かれた環境や心理状態を探ってみたいと思った。できれば、職場環境の改善やストレスを抱えた人たちの個別対応にも携わってみたかった。だから、この職場は、心理学を学んだ僕にとっては、打ってつけと言えた。

障害者の採用や人事にも携わった。大学四年生のとき、障害者の職業支援ができないだろうかと、仲間とNPOを立ち上げようと画策したこともあり、この分野も僕にとってはやりがいがある仕事だった。

障害者枠の採用担当では、担当の一人として、さまざまな障害を持つ人たちと、向き合った。なかには、こんなすごい技術や考え方を持っている人がなぜ就職できずにいたのだろう、と思える人もいた。障害に気をとられ過ぎて、企業はその人の本質を見抜けなかったのだろうか。

が、超一流の人がいる反面、社会人になったばかりの僕でさえ、この人は働くということをどう考えているのだろう、といぶかしく思う人もいた。自分の意見が言えない、他人と対等に話せない、支援されるのが当然だと思っている——だから、他人とコミュニケーションがとれないのだ。また、採用担当に積極的に質問をするのはいいが、その質問が「給与は？」「休みは？」と待遇面の確認ばかりという人もいる。こちらに要求する前に、この会社で自分が何をしたいか、何ができるかをアピールしてほしいと、情けない気持ちになった。

障害者の採用は企業にとって社会貢献という意味あいもあるので、企業としても前向きに採用するよう努めているが、やる気のない一人のためにほかの社員のモチベーションが下がってしまっては元も子もない。障害者だから、甘えていいというわけではない。

ちなみに、僕は、ここでキャリアプランを視野に入れた教育プログラムの組み方、習熟度のチェックのしかたなどを身につけた。そして、企業内インストラクターとしての情報の伝え方を学んだ。これらは、車椅子インストラクターという仕事にも大いに役立っている。

# 3
# 車椅子の開発

僕の今の肩書は株式会社766代表取締役、車椅子インストラクターだ。心理カウンセラーにはなっていないが、二足の草鞋を履いている。二足とは言っても、重心は社員を抱えている社長業のほうに断然ある。稼ぎということでは、車椅子インストラクターの肩書併記は難しそうだ。

僕が会社を創ったことは、小林玄宣さんの存在抜きには語れない。彼にはじめて会ったのは二〇〇四年一〇月のある日――HCRでオーケ・ノルステンさんと出会い、スウェーデンの事情を詳しく知りたくなって当時六本木にあったパンテーラ・ジャパンの事務所を訪ねたときのことだった。彼は福祉機器取扱会社の社員として来訪しており、パンテーラの販売ではトップクラスの成績を上げていると紹介された。そのときはそれだけの関係だったが、その後、HCRや車椅子テクニックセミナーなどで顔を合わせ親しくなっていった。僕より四歳年上、車椅子乗りの先輩でもある。

〇七年、彼は株式会社玄人を興し、車椅子の販売をはじめ、子どものデイサービス事業

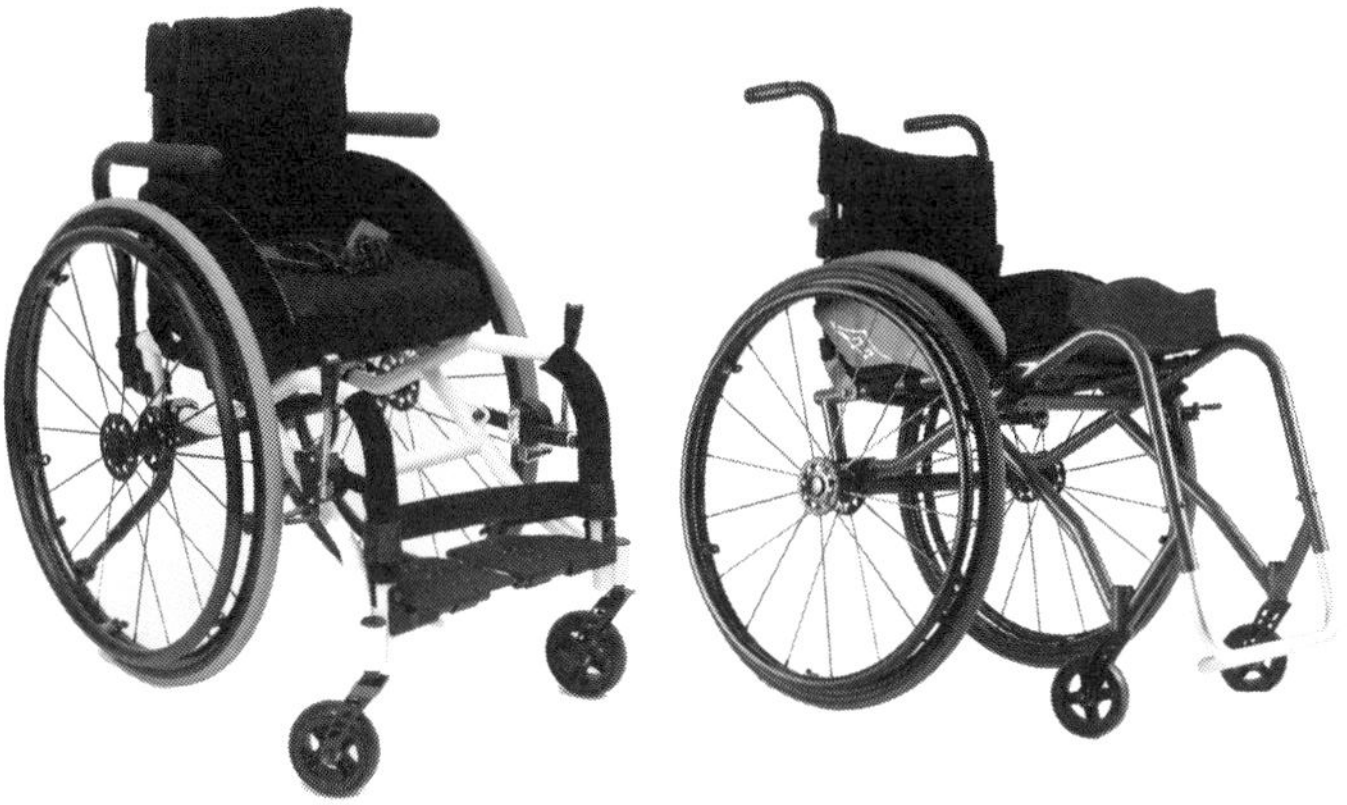

766のリジッドフレームの車椅子。子ども用のエアリー（左）と成人用のゼロ

などを東京・八王子市を拠点に展開してきた。また、ともに車椅子テクニックセミナーの講師を務め、日本車いす協会では車椅子ユーザーのロールモデルの育成をめざした。一一年夏にはいっしょにスウェーデンに行き、レクレテーリング・グルッペンの研修を受けたり、車椅子開発の視察をしてきた。そして、僕は766を立ち上げた。766の事務所は玄人と同じ敷地に立つ。社名の766は玄人と弊社の地番なのだ。

この本を真っ先に届けたかった僕の友人が、その小林さんだ。だが、本を見てもらうことは叶《かな》わなかった。一五年三月四日未明、二年半の闘病を経て、クリスチャンの小林さんは天に召された。享年四二歳。まだいっしょにやりたいことがたくさんあった。彼自身も無念の思いがあったことと思う。しかし、闘病中にもかかわらず、事業の継続と発展に腐心し、後継者へのバトンタッチを見事にやり遂げた。

766の「ZERO（ゼロ）」「Airly（エアリー）」開発は、〈日本でも世界に通用する先進的な車椅子を作れるんだ〉という彼の思いとともにあった。実際、彼の培った技術と長年の実績、豊かな人脈があって、この開発を成し得たと言えるだろう。

## 3・11と車椅子テクニック

起業した二〇一一年には東日本大震災があった。この災害は言うまでもなく、多くの人々にさまざまな悲劇をもたらした。同時に僕たちにさまざまなことを考えるきっかけを与えてくれた。この日を境に、住まいや仕事を考え直した車椅子仲間も少なくない。振り返れば、僕の起業も3・11と無関係とは言えないだろう。

三月一一日一四時四六分、僕は横浜にある勤務先のビルの一〇階にいた。「あれっ？

地震かな」と言う同僚の言葉が終わらないうちに、これまで経験したことのない揺れがビルを襲った。デスクの上のパソコンは飛び上がり、窓ガラスは音を出して震えた。「とにかくビルの外に避難しよう」ということになったが、エレベーターは安全装置が作動し、停止している。同僚たちは僕を気遣い、四人で車椅子ごと僕を一〇階から地上まで運んでくれると、申し出てくれた。

その気持ちは本当にありがたかった。が、誰もが落ち着きをなくしていた。これまでうろたえた様子など決して見せたことのない冷静な上司でさえ、その口調や顔色はいつもとは違っていた。仲間たちの心のざわつきが伝わってくる。普通でも複数の人間が息を合わせて車椅子を支え持ち、バランスをとりながら階段を下りるのは難しい。それなのに、このときは、みな平常心を欠いていた。それも一〇階から一階という長丁場だ。きっと僕は、階段の途中で車椅子から投げ出されるだろう……。

「大丈夫だから、さわらないでください」「みなさん、先に下りてください」――僕は同僚たちを説得し、みんなが避難するなか、階段を一〇階から一階まで車椅子で一段一段を下りていった。ようやく地上に着く。先に下りていった同僚たちも無事だった。

ケータイがつながらずネット回線を使用して電話で妻に連絡をとると、まだ勤務先の病院にいるという。電車はすべて止まっている。タクシーも拾えない。僕は車で、妻の待つ稲城市にある病院に赴き、彼女をピックアップした。渋滞は始まっていたが、三時間かかって、無事に川崎にある自宅にたどり着いた。

この話をすると、みんな「車椅子で一〇階から？　それで、岡野さんのほうが奥さんを迎えに行ったんですか」と一様に驚く。車椅子セミナーでは階段の上り下りを披露することはあるが、一人で行なう上り下りは一種の余興のようなもの。見たいと言う人がいればやって見せるが、ふだんの生活のなかでは、長い階段の上り下りをすることはあまりない。

しかし、このテクニックがあったからこそ、僕は落ち着いていられた。車椅子のテクニックがあれば、そのぶん、確実に不安は小さくなる。安心感は大きくなるのだ。だから、セミナーなどで時間にゆとりがあるときは、参加者の年齢構成や力量などから判断して、サポートとなる人と組んで二人で上り下りするテクニックを教えることもある。たとえば、車椅子に慣れた子どもとその親などには覚えてもらっていいと思っている。

ただし、車椅子のテクニックというのは操作技術だけではない。障害のあるなしにかかわらず、災害が起こったときなどは正しい状況判断が必要になるのは言うまでもないが、

パンテーラ社にて。左は小林さん、中央は第1回セミナー講師のバーントさん

車椅子の場合はその場で臨機応変に、今どのような支援が必要かを判断しなければならない。介助をしてくれる周囲の人たちに、何をどのようにしてほしいか——それを正しく端的に伝えることが重要なのだ。つまり、車椅子の技術と介助の方法、そして、それを伝えるコミュニケーション力があってこそ、バリアを突破できるというわけである。

大地震のさなか、車椅子の僕が一〇階から階段で地上まで下りられたのは、信頼できる車椅子と車椅子テクニック、そして周囲の支援と理解のおかげだ。この体験が僕が抱いていた車椅子開発への取り組みを加速させ、起業を決意させたのだと思う。

## 「766」設立

車椅子に乗ったのは二四歳で受傷して歩けなくなったから。そのとき乗った車椅子は美術館やデパートの片隅《かたすみ》に置いてあるような「標準型」だった。この車椅子に乗ってみて、僕は〈なんてひどい乗り物なんだ〉と思った。「半ば呆《あき》れた」という表現のほうが的確かもしれない。車椅子は病人が乗るためのものだから、もっと快適で安全なものだと思っていた。移動するときに一時的に使うならいいかもしれないが、これを日常生活に毎日使うなんて……。が、からだの自由が利かず、車椅子に対する知識がまったくない当時の僕にとっては、これを受け入れるしかなかった。入院中の二か月間、僕はこの車椅子と介助者のお世話になった。

自走用、つまりアクティブユーザー用の車椅子に乗ったのは、関東労災病院に転院してからだ。その車椅子は少々古いものだったが、コンパクトで動きやすく、前の車椅子に比べたら格段に快適だった。ただし、身長一八〇センチの僕のからだに合っているとは言い難い。そんなとき、PTが「これなら、いいんじゃない」と、どこからか車椅子を借りてきてくれた。それが、アクティブユーザーの多くが乗っていた流行《はや》りのモデルだった。乗ってみて、びっくりした。車椅子の違いは見た目以上に大きいことが分かった。フレームもカラフルだし、一人で車にも積み込むことができそうだ。

それで、僕はこのメーカーの車椅子を購入することにした。いくつかのモデルの中から選んだのだが、僕はずっと腰痛や肩こりに悩まされることになる。

その後、HCRで、パンテーラに出会うことになるが、僕には車椅子は折りたたむものという固定概念があった。だから、パンテーラを見たとき、〈固定車か？　折りたためないから、これは室内用かな〉と思った。ちなみに、木村拓哉と常盤貴子主演で大ヒットしたテレビドラマ『ビューティフルライフ』でも、常盤が乗っていた二台のうち、パンテーラは室内用として登場していたという。

操作実演していたオーケさんは、僕を誘ってパンテーラのブースに戻り、「乗ってみなよ」と展示用の車椅子にひょいと乗り移った。僕と体型が似ていたので、彼は自分の車椅子に試乗させてくれたのだった。

当時の僕は病院でＭＲＩ検査を受けても異常はないのに、姿勢が悪くて、車椅子に乗っていると左側の脇の下が痛くなった。でも、オーケさんの車椅子に乗ってみたら、動きはいいし、腰も脇の下も痛くない。呼吸も楽なのだ。ほんの短い試乗時間なのに差は歴然だった。おおげさに聞こえるかもしれないが、履物にたとえるなら、ビーチサンダルからスニーカーに履き替えたくらいであった。

そうそう、僕が一人で、はじめて車椅子に乗って、病院の外に出たときのことも記しておこう。事故にあって車椅子に乗れるようになってても外出時はいつも介助者つきだった。一人で出かけるなんて、まったく考えられなかった。

だんだん車椅子に慣れてきて、一人で外出したいな、という気持ちが強くなったのは、転院から四か月経ったころだ。近くのコンビニくらいは一人で行ってみたい。だが、そこに行くまでには凸凹道も砂利道もあるし、車も走っている。一人で横断歩道を渡れるか？ 坂道の上り下りを克服できるか？ 一人で店内を移動できるか？ 自問自答が続いた。病院の敷地の内と外を分けるコンクリート上の白い線がやけに太く見え、なかなかその線を越えることはできなかった。その線の向こう側は、こちら側とはまったく違う世界だったのだ。

ある日、勇気を出して、一人で病院のそばのコンビニに行ってみた。店内に入り、ショーケースを前にして、自分はこんなに背が低くなってしまったんだ、と落胆した。陳列棚の商品の多くは、僕の視線の上にある。見上げたところに人々の顔があった。それらの顔が、みな僕を見下ろしているようで違和感があった。当時の僕の車椅子テクニックは、なんとか低い段差が上れる程度だったのだから、これも致し方なかったのだけれど、このときの恐怖感は今でも消えずに残っている。

でも、この後は、一人でバンバン外に出た。何事にも「はじめて」はある。

僕らのように一日の大半を車椅子に座って過ごす者にとって、車椅子の座り心地はからだのダメージだけでなく仕事の業績や学問の成果にも関わる。もちろん、それはＱＯＬ（生活の質）にも大きく影響する。それなのに、日本の多くの車椅子関係者は、車椅子の座り心地にはあまり関心を示さない。それよりも簡単にたためるか、置き場所に困らないかなどコンパクトさのほうが優先されるようだ。折りたたみ式なら、邪魔にならず、どんな車にもすぐに積み込めるというわけだ。

だが、僕らが一日のうちで車椅子に座っている時間は一〇時間以上。多くの折りたたみ式車椅子だと、やはりからだのダメージは少なくない。これに対して、からだに合った固定式なら腰などへのからだの負担も少ない。折りたたみ式の車椅子になじんでいる人は、車への載せ降ろしの際に車輪をはずす固定式に懸念を抱くことが多いようだ。しかし、実際にやってみると、車の積み降ろしにかかるのは、障害の程度が重い頸髄《けいずい》損傷の人でも五分程度ですむ。それなら、からだに合った、より乗り心地のいい固定式を選ぶべきではないか。さらに固定式のほうが折りたたみ式より軽い力で操作できる。

自分が出会った車椅子ユーザーの中には、すぐ疲れてしまうとか外に出るのが億劫《おっくう》だという人が少なからずいる。自然に乗って出かけたくなる車椅子があれば、多くの人が気軽に街に出られるのではないか。僕は、自らが車椅子ユーザーであること、そして、車椅子インストラクターとしての経験がそうした車椅子の開発に生かせると信じていた。からだに合った車椅子に乗れば、その人の世界が広がる。その人の人生は変わるはずだ。そのために、これまでの経験と知識を生かして自分の思いどおりの車椅子を作ってみたいと思ったのだ。

現代の先進的な車椅子を生み出してきた先達たち——クアドラのジェフ・ミネブレイカーさん、クシャールのライナー・クシャールさん、そしてパンテーラのヤッレ・ユングネルさんは、いずれも車椅子ユーザーだった。しかも、どれもリジッドフレーム(固定式)の車椅子である。欧米各国にはそれぞれ、小さいけれど、特徴ある車椅子メーカーが活動している。日本製のリジッド車椅子もあるにはあるが、ユーザーが少ないこともあり、本腰を入れて開発していないのが現状だった。

パンテーラをはじめ欧米ではアクティブユーザー向けの車椅子の大多数がリジッドだ。体型や文化や暮らし方など日本とはずいぶん違う。たとえば、平均的に脚や腕の長い欧米の人に合わせた車椅子のサイズは日本人にはフィットしないことが多い。座幅も三センチきざみと大きかったりする。足台の形状や角度を変更したくてもできない。ブレーキ一つにしても、日本の車椅子は引き掛けだが、欧米の車椅子は大半が押し掛け。押し掛けに慣れないのでユーザーは戸惑いを感じる。こうした課題を踏まえて、個々のユーザーに合わせて座面の位置を低くするなどカスタマイズできるようにしたい、張り調整式の背シートをもっと各自のからだに合わせて調整できるようにしたい——身近にいる、日本の車椅子ユーザーのことを考えただけでも、やれることがたくさんありそうだ。

そんなことを、小林さんと話をしているうちに、自分たちが満足できる車椅子は自分たちで作るしかないということになった。先達であるクアドラもクシャールもパンテーラも、専門技術を持つ協力者がいた。幸い766にも同じように、製品化にあたってはフレーム加工や塗装からカーボン素材の部品供給に至るまで、近隣の製作外注先に恵まれ、大いに助けられた。

共に開発を進めるスタッフにもいい出会いがあった。チェアスキーを通じて知り合った宮本賀代さんもその一人だ。宮本さんは、一一年のスウェーデン研修・視察にも同行し、その後、玄人の社員になった。766の車椅子開発においても、PT（理学療法士）としての知見が活かされている。また、日常の個々のユーザーに合わせるフィッティングにも彼女の経験や力は大きいと思う。欧米では、PTや作業療法士（OT：Occupational Therapist）など、医療の専門知識を持つ人が車椅子メーカーにいることが普通になっている。

そして、前述したとおり、僕は五年間勤めたIT関連企業を辞して、車椅子メーカー・株式会社766を立ち上げた。「無謀だ」「時期尚早」などという声も一部にはあったが、僕の「もっと快適な車椅子を作りたい」「車椅子の人たちにもっと外に出てほしい」という思いと「僕たちユーザー自身が僕たちの望む車椅子を開発する」という夢は強まるばかりだった。

766の製品のコンセプトは、まず「乗っていることを忘れること」だ。軽く操作できて、からだとの一体感があって、メンテナンスの心配をさほどしなくてもいい車椅子。つまり、軽量・軽快なリジッド式であること。そして、766の提案として、軽量化、駆動

通訳でお世話になった原昭司さん、小林さん、宮本さんとストックホルム散策

性、高剛性、インストラクション、愛着感の五つを掲げている。前の三つは設計や素材、パーツといった車椅子本体にかかる開発の意志表示だ。

インストラクションでは、車椅子インストラクターとしての経験と知識を活かす。操作テクニックなどでユーザーの直面する問題の解決をバックアップしていく。愛着感では、〝自分のからだ〟と思える車椅子をめざす。トラブルもなくて使いやすくて、いつもいっしょにいて邪魔《じゃま》にならない。そのための手段の一つとしてフレームカラーはたくさん用意した。

もちろん、日本のユーザーの使い方や暮らしぶりに即した車椅子であり、細やかな調整

子どものための福祉機器展「キッズフェスタ」にも毎年出展している

機能も忘れてはいない。たとえば、ゼロはフレームパイプの前端を移乗のとき握りやすい位置と形状にした。子ども用のエアリーは成長に合わせて、座幅が広げられるようなフレーム構造を採用した。僕たちのノウハウを生かしてアクセサリーも開発している。たとえば、ドリンクホルダーは既存のものよりカラフルで、デザインや機能を充実させた。

自然に座れ、楽しく乗れる、そして心から自分が乗りたいと思う車椅子――小林さんと僕が開発した766の車椅子。これからは小林さんの遺志を引き継ぎ、仲間と開発しつづけていきたい。

4

# 車椅子インストラクターの視点

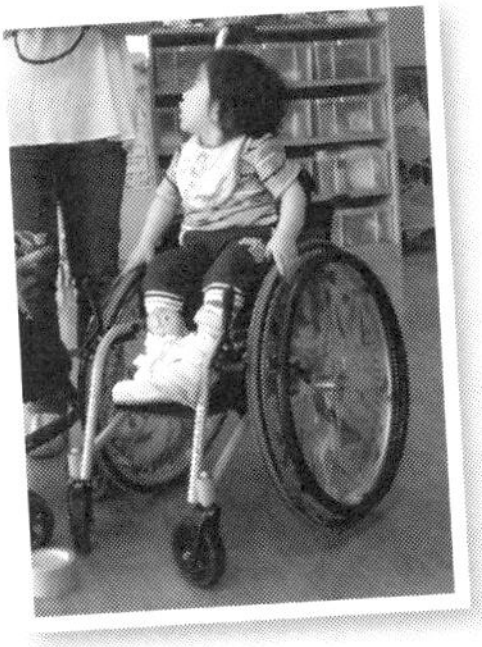

ユーザーにとって車椅子は自立の道具である。歩けない人あるいは歩くことが不自由な人の生活を扶《たす》け、自信や積極性をもたらす。乗る人に、ハードとソフトで大きな影響を与えるのだが、一般にはその重要性が知られていない。一方で、車椅子は押してあげるのが親切だと思っている人がまだまだ多い。街中で、背後からいきなり車椅子を押されて驚いたというユーザーの声もよく聞く。ある年配のユーザーは、朝夕の散歩が日課だが、ちょうど小学校の登下校時間。出会う子、出会う子全員が自分にだけは元気に挨拶《あいさつ》をしてくるので、正直面倒くさくなると言っていた。

どういう流れで、車椅子がその人の乗るものとなるかも知られていないだろう。「病院や特別支援学校で購入を斡旋している？」「そう言えばデパートでは見ないな。ネット通販で買うのかな」と思っている人もいるかもしれない。

僕が車椅子インストラクターになって考えたこと、今の暮らしで感じたことを明らかにすれば、車椅子とユーザーについて分かってもらえることもあると思う。未整理ではあるけれど、この際、記しておこう。

## 子どもと車椅子

「車いすで広げよう!!」をはじめ、セミナーには子どもの参加が多い。小林さんが代表を務めた日本車いす協会が最初に開催したイベント、二〇一三年九月の「車いすトレーニングキャンプｆｏｒキッズ」は子どもが対象だった。

子どもの場合は親といっしょに参加するが、家族みんなで参加というケースも珍しくない。ここでは、ユーザーのきょうだいにも車椅子に乗ってもらい、仲間に迎える。たとえば、妹でも車椅子では先輩になるわけだ。また、なかには障害の進行などによってはじめて車椅子に乗る子もいる。みんなけっこう対抗心をもって、キャスター上げや段差越えなどに挑戦する。

はじめは、車椅子を漕ぐのもやっとという子もいるが、これは運動神経とはほとんど無関係。実際、ちょっとしたコツが分かれば、子どもたちは自分が思っている以上に、上手に操作ができるようになり、セミナーが終わるころには別人のようになっている。それこそビフォー&アフターである。

まず、基本の漕ぎ方をマスターし、キャスター上げができるようになったら、次は段差越え。段の高さは二センチから少しずつ高くしていく。

大人対象のセミナーでは、車椅子の構造や操作方法を理論的に説明するが、子どもの場合は遊びながら操作のしかたをからだで覚えてもらう。子どもたちは大人と違って先入観や恐怖心が少ないので、「じゃあ、いっしょにやってみようか」と声をかけると、みな僕の動作を真似しながら何度でもチャレンジする。キャスター上げの練習のときは、危なくないように、それぞれの車椅子の後方にスタッフ、そして親たちもスタンバってくれる。

セミナーの終了時間になっても子どもたちは車椅子で動き回っている。一生懸命、何度も何度も段差越えをしている子どもを見ると、子どもたちにこそ車椅子が必要だと思えてくる。この思いは確信と言ってもいい。

子ども対象、または親子セミナーで、僕が気をつけているのは、ここへやってくる子どもと親との関係だ。一般的に障害を持つ子どもたちは、親たちからかまわれ過ぎる傾向がある。親は子どものすることを何でも先回りしてやってくれる。これは車椅子に乗っているとき、なおさら助長される。たとえば、自動販売機でジュースを買うとき、親は車椅子

電動車椅子に乗れば、ベビーカーとさよなら。お母さんと並んで散歩もできる

を押して自販機の前に行き、子どもの選んだ商品のお金を入れ、取り出し口から品物を取って子どもに渡す。行く手にドアがあれば、親は急ぎ足で先に行き、ドアを開けたまま車椅子がやって来るのを待つ。

これは、ちょっと見ではやさしい気配りのある親に見えるけれど、見方を変えれば子どもの自立を阻害しているとも言える。子どもの行動を黙って見守っているよりも、親自身がやってしまったほうがスムーズで危なげなく確実なのは分かる。しかし、これでは子どもたちはなかなか自立できない。車椅子のテクニックも身につかないだろう。

だから、僕は親子セミナーなどでは、それぞれの親子関係を注意深く見ることにしている。でも、案ずるより産むがやすし――「一人でやってみよう」と言うと、子どもたちはみんなそれぞれに車椅子を操り出す。ちなみに、車椅子に乗ってみたことのある親は意外に少ない。一度乗ってみれば、車椅子の乗り心地、便利さや安全性を理解してもらえると思う。セミナー後の親やきょうだいの感想には「車椅子っておもしろい」というのが、案外多い。

小中学校で行なわれる、体験学習の中にも「車椅子体験」「アイマスク歩行」などがあるようだが、いきなり車椅子に乗ったり、アイマスクをつけるのは、大変さや恐怖心を味わわせることだけで終わってしまうような気がする。そうした体験が、前述したような、街で車椅子ユーザーを見ると、「いきなり押す」「元気に挨拶（してあげる）」につながっていると思うのはうがちすぎだろうか。

では、障害のある子どもの場合、いつから車椅子を使えばいいだろうか。日本の医療・福祉関係者は幼児の車椅子については消極的な傾向がある。しかし、欧米では健常の子どもと同じような成長をたどるためには車椅子・電動車椅子が有効だと考えるようになっている。

子どもは生後七～九か月にもなれば、ハイハイやつかまり立ちで移動するようになる。

歩けるようになれば、好きなところに行って、さまざまなものをその手で触ってみる。座り込んだり、転んだり、背伸びしたり、ときにはケガをしたりしながら、からだとともに心も発達していくのだ。動きたいのに動けないのは、行きたいところに行けないのはストレスになる。だから、僕は、早めに車椅子を用意してほしいと思う。玩具などをつかんだり振り回したり、からだを頻繁に動かすようになったら検討する時期だ。もちろん幼児用車椅子もある。

車椅子は移動のための手段の一つではあるが、心の発達にも有用なのだ。歩行に不自由な子どもは抱っこやバギーでの移動という手もあるが、サポーターがついているなかで、子ども同士の遊びに参加するのは制限される。だが、現状は幼児期からバギーや介助用車椅子に乗せて、小学校入学時にはじめて自走用の車椅子を考えるというケースが少なくない。

また、少し歩けるような子どもだと、装具をつけ、杖や歩行器を使っての歩行を重視する傾向もあるようだ。だが、歩行することに集中し、歩行に多くのエネルギーを使うと、移動するなかで得られる発見や経験を損なう可能性がある。無理をして歩行を続けると、二次障害のために、後々、歩行が困難になることもある。歩行能力を温存するためにも、上手な車椅子の併用を心がけ、可能性を広げてほしい。

あるとき幼稚園生の子が乗るはじめての車椅子を依頼された。納品した日、その子は車椅子に乗って訓練センターの駐車場まで行き、停まっている自分の家の車に触った。そして、手のひらを母親に見せながらニコッと笑って、「車って汚れてるんだね」と言った。そんな場面に遭遇してなんだか嬉しかったという話を業者から聞いたことがある。些細《ささい》なことだが、こうした発見と経験の積み重ねが子どものパーソナリティーの形成に関わっていくのだろう。この子は、現在、名古屋で、一人暮らしをしながら大学生活を送っているという。

では、車椅子を入手しようとしたらどうしたらいいか。大きく分けて福祉用具支給制度を利用する方法と自費購入する方法がある。福祉用具支給制度は、障害者手帳のある人が使えて申請が必要。ユーザーが一八歳未満なら児童福祉法、一八歳以上なら障害者総合支援法による制度で、判定に基づき行政が補装具費として一定額を負担する。介護保険法によるレンタルでの車椅子入手もある。子ども（一八歳未満）の例をコラム「補装具費支給制度の流れ」（P83）で簡単に紹介しておこう。

制度を利用する場合、多くの人はすでに福祉施設や特別支援学校、病院などに関わっているので、車椅子はそれぞれの施設に出入りする業者などから紹介されることが多いが、どれにするか決めるのはユーザー自身である。

自費で購入する場合、特にはじめてならどのような車椅子を選べばいいか分からないだろう。そうしたときはカタログだけに頼らず、都市部であれば、メーカーのショールームや展示会に出かけてみるといい。福祉機器展示場を設置し、相談業務を行なっている自治体もある。また、各地にある公的なリハビリテーションセンターでは、専門家のアドバイスを受けることができる。

ただし、制度を利用するにしても自費購入するにしても、その人の暮らしやからだの実際を知らない〝専門家〟にまかせてもうまくいくとは限らないのだ。車椅子を必要とする自分あるいは家族に相応しいものが何か、日頃からアンテナを張って情報をキャッチしておくことが大切だろう。その意味でも車椅子セミナーは役に立つ。

あるユーザーから、「この車椅子だと、自分が車椅子に乗ってることを忘れちゃってることがあって、周りの人も車椅子だって意識がないようなんです」と感想を述べられたことがある。障害を持っているけれど「普通」の生活ができる人がもっともっと増えてほしい。

車椅子を必要だと本人やその家族が考える場合、あるいはPTなど医療関係者などが必要性を検討する場合、通常は「補装具費支給制度」の利用を前提とする。これは、障害児・者等が市町村に申請することによって、補装具費が支給される制度だ。支給が決定すれば、制度利用者は“必要とされた補装具”を原則として1割の負担で入手できる。

該当する補装具の項目や基準額も国が細かく定めている。たとえば、普通型車椅子は10万円、簡易型アシスト式電動車椅子が21万2500円。これに、クッションや転倒防止補助輪、バッテリーなど、必要とされた付属品の基準額が加算されていく。利用者の1割負担の上限金額は3万7200円。ちなみに、リジッドフレーム・モジュラー式の車椅子の価格は15〜40万円程度。支給される補装具費で賄えない場合は差額を利用者が負担して購入することもできる。耐用年数も定められており、車椅子は手動、電動ともに6年だ。（金額等は2015年4月現在）

左ページに、18歳未満の車椅子製作を例に、補装具費の申請から支給までの流れを記した。実際は、原則や特例やら複雑かつ市町村でも微妙な差があるので、イメージとして捉えてほしい。

※1　協議：18歳未満（障害児）の場合、療育センターや病院などで治療や訓練などを受けていることが多い。そこではチームワークで、その子の車椅子が検討されるのが通例。

※2　車椅子の製作：製作とは別に修理の項目もある。

※3　身体障害者更生相談所：都道府県に設置され、身体障害者が福祉サービスを“適切に”受けられるように医師等の専門職を配置して相談業務や補装具費支給の適否などを行なう。18歳以上の場合は通常、更生相談所の判定を受けることになる。18歳未満でも電動車椅子など市町村の担当窓口で判断しかねる補装具については市町村の指示で更生相談所の判定を仰ぐことがある。

コラム

# 補装具費支給制度の流れ
## ―18歳未満・車椅子の場合―

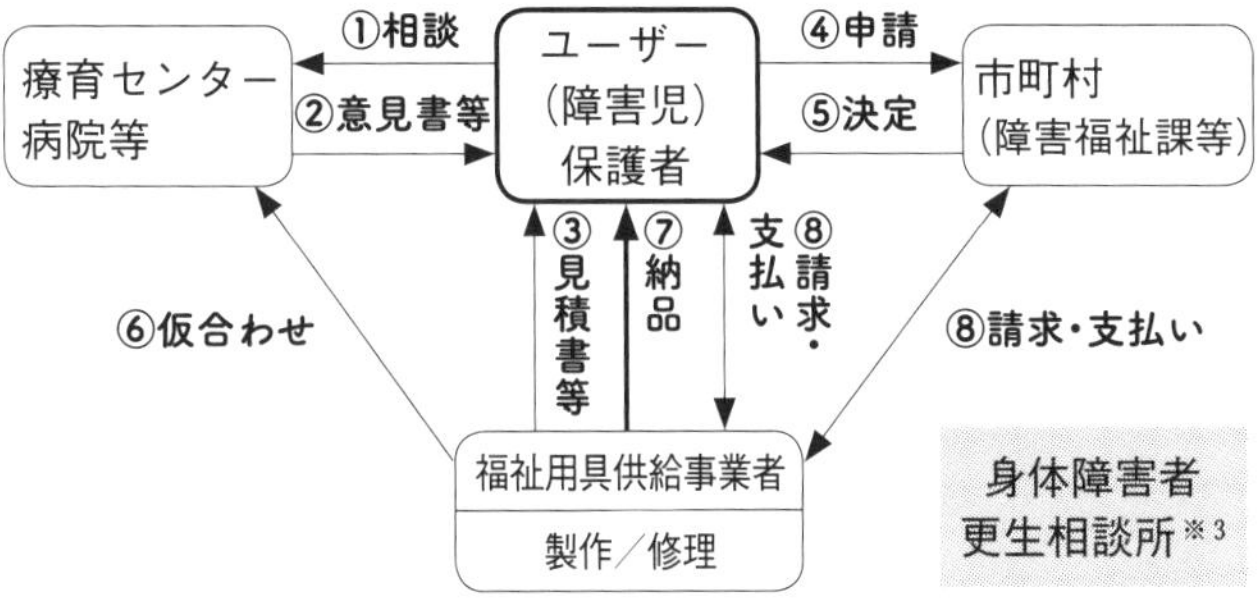


**①相談：**療育センターや病院等で、その子（ユーザー）に合う車椅子について具体的に相談する。〈中心となるのはその子の親（保護者）。医師・ＰＴ・ＯＴ、出入りの福祉用具供給事業者で協議※1〉

**②意見書等：**医師が、①に基づいて補装具の意見書や処方箋を保護者に発行する。

**③見積書等：**福祉用具供給事業者が、②の処方箋に沿って車椅子の製作※2の見積書を保護者に発行する。〈見積書は原則「補装具支給費」の基準額に準則〉

**④申請：**保護者が、申請書に所定事項を記入、②③の書類を添えて住所地の当該市町村「障害福祉課」等に提出する。

**⑤決定：**市町村が、④について判断、保護者に決定通知書・補装具費支給券を発行する。〈多くは申請から２週間程度で発行〉

**⑥仮合わせ：**⑤の決定を受けて福祉用具供給事業者が車椅子を製作、その子に合った車椅子になっているか、①の場所で保護者、ＰＴ・ＯＴを混じえて本人に乗ってもらい仮合わせをする。〈寸法・形状、改善点を確認して本製作に移行〉

**⑦納品：**福祉用具供給事業者が、適合チェックを経てユーザーに納品する。

**⑧請求・支払い：**福祉用具供給事業者が、利用者に利用者負担額、当該市町村に公費負担額を請求。各々業者に支払う。

## 普通の生活

ここ数年、都市部の街では車椅子を見かけるようになってきた。高齢の人は介助用車椅子を押してもらっていることが多いが、電動車椅子などで一人で外出している人も珍しくはなくなっている。軽やかにさっそうと街を行く車椅子に〝目を奪われる〟ということも過去になりつつある。駅のホームと車両の間に駅員がスロープ板を敷いているのもよく見る光景だ。エレベーターやスロープ、障害者優先駐車場やホームドアの設置、タクシーや電車などの職員の対応、ノンステップバスの普及など、交通面でのバリアフリー化は著しい。

しかし、車椅子の人たちの自立度が高まったかと言えば、全体としては、残念ながらそうとは言えない。それは、自ら車椅子を操作する人、車椅子で外出する人が、僕からすれば、まだまだ非常に少ないからである。胸髄や頚髄を損傷したら、もう動けないと思っている人もいる。事実、僕と同じくらいの症状でベッドに寝たきりという人もいるのだ。彼らは車椅子の乗り方どころか、移動手段として車椅子を使うという選択肢があることさえ知らない。いや、気づかないのだ。

ケガで入院した人は、その症状がある程度落ち着くと、「治療はここまで。後は自宅でがんばってください」と、退院を余儀なくされる。要するに病院の役目はここまで。退院後のリハビリはもちろん、それからの日常生活や社会復帰については、それぞれの患者や家族の判断や力量に委ねられることがある。

車椅子テクニックセミナーの常連、四〇代のある男性は、二分脊椎症で、一〇年ほど前から車椅子に乗っていた。車椅子の生活は慣れたもので、毎朝、地下鉄に乗り、仕事に出かけていた。ただし、街のあちこちに苦手な障害物があった。それは、お店などの入り口の小さな段差である。街中の段差なら、助走で勢いをつけて段をクリアし、そのまま減速していけばいい。が、店などは奥行きがないことが多いから、そうはいかない。

彼が、僕のセミナーでキャスター上げのテクニックを知ったのは、車椅子に乗るようになって七年めのことだったという。通常、キャスターは後輪を後ろに引き、体重を後ろに移動させることで簡単に上がるが、これを下げることができないと、後ろに転倒することになる。だから、怖くて、なかなかキャスターを上げられない。練習はまずキャスターを下げることから。そして、その後、上げる練習をすると、恐怖感がなくなる。これは車にブレーキがあるから、安心してアクセルを踏み込めるのと同じ理屈だ。彼は、二日間かかって、キャスターの上げ下げを完全にマスターした。

「ずっと行きたい、と思っていた飲み屋の入口の段差が越えられたときは、よし！と思ったね。これで、一人でも飲みに行けるよ」と彼。街中の少々の段差は、もうへっちゃらだ。キャスターを上げることで、急な坂道もスムーズに下れるようになったという。彼いわく「車椅子で行けないところはない」。キャスター上げを習得したら、心のロックも外れたのである。

これを聞いて、僕も「よし！」と思った。テクニックを伝授するだけでなく、その人の暮らしを応援できたことが本当に嬉しかった。キャスター上げができると、段差がクリアできるだけでなく、心にゆとりが生まれる。このゆとりはその人の世界を変える。道具である車椅子がその人の見える世界を変えるのだ。キーワードは、月並みだけれど、やっぱり「自信」である。


車椅子テクニックセミナーなどに参加する人に共通しているのは、参加することで、「世界を広げたい」「閉塞感を払拭したい」「新しい情報を入手したい」「人脈を増やしたい」など積極的な前向きな気持ちを持っていることである。親に連れられて参加する子どもたちもいるが、ここへ来る家族はやはり前向きだ（もちろん、こういった場に来ない人が後ろ向きだというわけではない）。

自己流である程度、車椅子を操作できる人もいるが、漕ぐのさえ無茶苦茶な人もいる。個人差が大きいのだ。そこは、インストラクターの僕がしっかりレクチャーする。できない人をできるようにしていくのが僕の仕事だ。ただし、障害の種類によってはできないことがあるのもたしかだ。その見極めは重要である。

僕はかつてさまざまなスポーツを楽しんできたが、中学生まで溯ると、「運動神経ゼロ」と言われる子どもだった。だから、できない人の気持ちはよく分かる――ここが僕の得意とするところだ。周囲から集まる好奇の目、できない悔しさは、人一倍知っているつもりだ。セミナーの実技指導も「やれば、できる」という〝スポ根〟ではなく、「できなくてもいいから、楽しくやってみようよ」というノリで行なっている。

キャスター上げの話のところで、居酒屋の入口の段差をクリアできた男性の話を紹介したが、セミナーに参加した人の感想で一番多いのが「行けないと思っていたところに行けた」というものだ。セミナーで車椅子のセッティングを調整して、テクニックを覚えた大学生は、「積極的に学校へ行けるようになりました。生活が一八〇度変わった気がする」

と言う。

母親といっしょに参加した女の子は、何をやるのも母親まかせ。車椅子も母親に押してもらっていた。「できることは自分でやろうよ」と言う僕の言葉で車椅子操作をやってみたが、どうしてもうまく漕げない。周囲の子たちがキャスター上げをどんどんマスターしているのを見て、とうとう彼女は泣き出した。結局、この日、女の子はキャスターを上げることはできなかった。

〈あの子、どうしているかなあ〉とちょっと心配していたが、後日、母親から丁寧《ていねい》な手紙をいただいた。そこには、あの体験がきっかけで娘が自分で車椅子を漕ぐようになったこと。娘は一人では何もできないと思っていたが、それは親の勝手な思い込みだったこと。そして、あのときの涙は、悲観の涙ではなく悔し涙だったことが書かれていた。

最近、セミナーで僕は、こんなふうに声をかける。

「車椅子でも普通の生活はできます。ただし、『やる気さえあれば』という条件つきですけれどね。さて、どうしますか？」

参加者は、みんな「やる！」と答えてくれる。

## できないことを知ること

障害を負って車椅子になったとき、結婚はできないだろうな、と思った。だからこそ、結婚や恋愛を意識せずにいたし、男性女性問わずフレンドリーに付き合えた。

定期的に診察を受けていた病院のOTの男性と、いつもリハビリを受けながらいろいろな話をしていた。

あるとき、スキーの話になった。僕がチェアスキーをやっていること、自分の運転でスキー場まで行くこと、一人でスキーに行くことも珍しくないことなどを話すと、彼は「だったらスキーに連れてって」と言う。「道具も知識も車も持っていて、雪道運転が上手なんて頼もしいよ」と。いつもお世話になっているお返しができると僕は嬉しかった。さらに、彼はぽつりと、「彼女もいっしょなんだ。よろしくね」。僕は「もちろんいいよ」と明るく答えたつもりだったが、その顔は、どうにも不満げだったらしい。

当日、待ち合わせの場所に行くと、そこにはOTの彼と、その彼女。そして、女性がもう一人待っていた。職業は看護師。僕より五歳下の二七歳だという。僕は入院中も看護師にさんざんいじめられた（？）ので、看護師が苦手な人で通っていた。が、彼女は車椅子の僕に何ら臆することなく、「スキーのコツを教えてよ」と言ってきて、距離はすぐに縮まった。僕らはいつのまにか意気投合。付き合って三か月でスピード結婚ということになった。

結婚はしたけれど、僕は父親になれるとは想像もしていなかった。脊髄を損傷すると、子どもができにくいと聞いていたからだ。でも、三六歳のとき、女の子を授かった。〈良かった！　諦めなくてよかった……〉と思った。嬉しかった。続いて、三八歳で第二子が生まれた。今度は男の子だった。子どもはどんどん大きくなる。動き回るようになる。本当にかわいい。

が、僕はずっと忘れていた「障害者であること」を再び意識させられた。子どもの世話は夫婦二人でやっているし、僕は車椅子があれば、二人の子どもを膝《ひざ》に抱くこともおむつを替えることもできる。玩具を使って、いっしょに遊ぶのも得意だ。

ところが、僕は走り回る子どもを追いかけることができない。いっしょに走り回れない。車椅子のまま、いっしょにお風呂に入れないのだ。健常者の親が普通にできることが僕にはできないのだ。これはショックだった。

普段の僕は、障害者であることをほとんど意識していない。僕にとって車椅子はすでにからだの一部のようなものだから、車椅子があって、ときに周囲の力を少し借りれば、できないことのほうが圧倒的に少ないからだ。だから、できないことに遭遇すると、〈そうか、これはできないんだ〉と、改めて気づくといった感じで、そこに喪失感や挫折感はなかった。

ここへきて、僕がネガティヴな感情を抱いたのは、もしかしたら僕が中途障害者だからかもしれない。先天的な障害で車椅子を使うようになった人の多くは、車椅子を使うことで、速やかな移動が可能になり、通勤も子育ても楽になったという。

自分の心の中を探っているうちに、僕はあることに気づいた。僕には障害者の妹がいたが、自らが障害を負った後もハンググライダーや大学の仲間、職場の同僚などさまざまな人たちの中にいた。そこには健常者もいたし、障害者もいた。だからこそ、「スウェーデンに行って、本格的に車椅子テクニックを学ぼう」と決意したのだと思う。

と言うのは、もし、僕が障害者ばかりの中にいたら、「障害者だから、ここまでできればいい」「これが当たり前」という気持ちになっていたかもしれないからだ。できないことをできないと諦めていても不思議はない。が、僕のなかには「もっと自由に動きたい、もっとあれをやりたい」という気持ちが常にあった。

子どもが生まれて自分の中のネガティヴな感情に気づかされた。でも、できないことはできない——それを知ることで広がっていく世界もあるだろう。実際、今ではこの気持ちも「もっと、もっと」というポジティヴな方向に変わりつつある。

## 街に出る車椅子

先日、車椅子ユーザーである小学生の母親から「岡野さんの車椅子は何台め？」とたずねられた。えーっと……数え切れない。〈こっちのほうが自分にあっているな〉と思ったら、わりとすぐに乗り換えるほうなので日常的に使っている車椅子だけでも七、八台めだろうか。それだけ〝道具〟にしているということかもしれない。

僕が車椅子に乗りはじめたのは二四歳のとき。でも、妹がバギーに乗っていたし、妹の友達にも車椅子の子がいたので、子どものころから車椅子とは縁があった。でも、バギーは両親が押していたし、車椅子も自分で漕ぐ子はほとんどいなかった。僕は車椅子の子たちとよく遊んだ。中学生になって知的障害児の施設などでボランティアを始めた。そこにも車椅子の子がいたが、やはり自分では漕がず、大人たちに押してもらっていた。

だから、僕のイメージの中の車椅子は重くてデカかった。今のように街に出かけていくなんて想定外だった。ところが、交通や公共的な建物のバリアフリーはどんどん進み、それと歩調を合わせてホテルやレストランなどのスタッフの対応もどんどんよくなっている。

しかし、車椅子で店に入ったとたん、「いらっしゃいませ」と言う店員の顔に〈あっ、来たんだ?〉〈障害者が来ちゃったんだ。どうしよう……〉っていう心の声が浮かぶことがまれにある。どう対応してよいか分からずに、どぎまぎする心理も分からなくはないが、こういう場面に出くわすと、どんなにおいしいレストランでも設備のいいホテルでもがっかりする。

近ごろ東京などの都会では車椅子も珍しくなくなったらしく、じろじろ見られることは少なくなったが、かつては店員と僕らのやりとりをずっと観察している人も見受けられた。こういった体験は、車椅子ユーザーだけでなく、聴覚や視覚に障害がある人たちなどもしたことがあるだろう。

ちなみに、スウェーデンやアメリカのオープンバーでは、車椅子の人が飲んでいても誰一人見向きもしない。対応がクール過ぎて、日本人には「見向きもしてくれない、いない」という言葉のほうが合いそうだ。車椅子ユーザーが喫茶店でパンケーキを頼んだら、きれいに一口大に切られて出てきたという。「なんで切って食べる楽しさを奪うの！」と怒ったのは言うまでもない。当人のありようでなく、車椅子ユーザーという外見だけで「助けるべき弱い立場の人」と判断してしまう。そういう意味では、日本のバリアフリーはまだ本物でないのだろう。

もちろん、障害者の側にも問題はある場合は多い。何かあると、「車椅子だから入場を断られた」「耳が聞こえないから、後回しにされた」など、すぐ障害のせいにしてしまいがちだ。僕は、これは人間力の問題だと思っている。障害のあるなしにかかわらず、困っている人がいたら、困難に遭遇したら、今の自分に何ができるかを正しく判断できる力を養っておくべきだ。これは、常々僕自身にも言い聞かせていることである。

バリアフリーのための共通言語というかルールはまだ整備されてはいない。しかし、何が一番大切かと言えば、それは、やはり〝心のバリアフリー〟である。

脊髄損傷など中途障害の人は、障害を負う前の自分と、負った後の自分をどうしても比べてしまう。それで、「障害者になっちゃった」という意識の人が多いように思う。だからこそ、僕みたいな者がいてバンバン街に出て行くと、「車椅子も、そんなに捨てたものじゃないかな」と思ってくれるのではないかと少なからず期待している。

障害を負って、たくさんの嫌なことを経験した。おむつ体験もしたし、トイレでの失敗もある。階段やバス停で立ち往生した。外出先で途方に暮れたことは数え切れない。だからといって、僕は引きこもっているわけにはいかなかった。いつも〝されっぱなし〟、「ありがとう」を言うだけの人生はまっぴらだった。だからといって、つっぱっていたら、嫌われる。いつまで経っても僕の居場所は見つからないのである。

だからこそ、自分のできることを探し、そのスキルを伸ばし、周囲と対等の立場を築く努力が必要になる。

今は障害を持った人が普通に働く時代だ。障害というハンデを超えて、「あなたは何をする人?」「何ができる人?」と問われる時代になっている。もちろん、まったく健常者と同じ扱いになると、〝弱者〟は生きていけない。だからといって、障害者という立場に甘んじてしまうのは、あまりにも情けない。

ちょっとした雑談の中では「三食昼寝つきはうらやましいな」なんて言うけれど、これは本当にうらやましい生活だろうか。たとえ、障害があっても、しっかり責任と義務を果たし、その代わりに自由とお金を手に入れよう。どんな仕事も大変だけれど、そこには満足感もある。これは障害の有無は関係なく同じなのである。

最近の中学生たちに将来への展望をたずねると、ほとんどが「フツーに高校へ行って、できればいい大学に進学して……」といった答えが返ってくる。そのために、みな塾や予備校に通っているという。受験のために使うお金があるのなら、もっと有意義な楽しい使い方ができるはずだ。みんなが同じレールの上を、同じ方向を向いて走っているような気がする。何度も言うが、これは障害のあるなしにかかわらず、である。

しかし、車椅子の僕らがこの枠にはまる必要があるのだろうか。もし、健常者に追いつくために仕方なく、このレールの上を走っているとしたら、こんなナンセンスなことはない。親や先生に言われて、嫌々やった勉強の中身はほとんど覚えていない。が、興味のあることは言われなくとも一生懸命になれる。頭の中にしっかり残っている。やりたいことを見つけて、それを磨くほうが楽しいし、しっかり身にもつくはずだ。

障害を負ったおかげで、僕はいろいろな人たちに出会い、いろいろな人たちの生活を垣間見ることができた。そして、ぶっちゃけた話、「どうやったって、生きていけるんだ」と、思った。もし、障害を負ってなかったら、今の僕は正論ばかりのいけ好かないやつに

第１部
# 車椅子インストラクターという仕事

休暇先のアメリカでハンググライダーを楽しむ。車椅子ユーザーも珍しくない

なっていたと思う。これは断じて負け惜しみなんかではない。車椅子になって物理的な視点は子ども並みに低くなったが、世界観、価値観、視野はより高く、より広くなった。そうだ、僕ら車椅子乗りには、レールはいらない。車椅子があれば、街は自由自在。雪山だって、どこへでも行けるのである。空だって僕はまた飛んでいるんだ。

## 車椅子インストラクターという仕事

車椅子インストラクターの仕事は、車椅子ユーザーがやりたいと思っていることをできるだけ具体的に引き出し、そのために必要な情報やテクニックを提供することである。実は、この仕事をするなかで、「僕みたいなタイプはあんまりいないよな」と内心思うことがある。これは、僕の「独自性」と言ってもいいかもしれない。

僕はこれまでさまざまなスポーツを経験してきた。それもかなり本気でやってきた。だから、頭の中でイメージした動きを実際にからだで表現するのは得意なのかもしれない。同時にスポーツインストラクターとして他人のからだの動きをずっと観察してきた。それに加えて心理学を勉強もした。企業内インストラクターの経験もある。そして、自ら車椅子に乗っていて、車椅子の開発にも携わっている。

「君は車椅子インストラクターになるべきだ」といった師匠のオーケさんには、僕の過去を見抜き、将来を予知することができたのではないかと思うこともある。

セミナーなどで車椅子ユーザーそれぞれの課題がはっきりしたら、僕はそれを実現する方法を考える。無論、課題が高く設定された場合、クリアするためにユーザーには持っている最大限の力を発揮してもらわなければならないが、最大限の力を発揮するためには、どうすればいいか……。ここが一番重要になる。

実技指導は、企業内インストラクターとして学んだ教育法が役立っている。まず、その人がイメージする自分のあるべき姿——つまり、こうありたいという自分と今の自分を最速で結びつける〝ロードマップ〟を作る。そして、今の姿をしっかり自分自身で認識してもらう。次に過去のスポーツの経験をもとにロードマップに沿って進む手段を提供する。

車椅子のキャスター上げや段差越えの基本は漕ぎ方である。だから、まず漕ぎ方の基本をしっかり習得してもらう。このとき、背もたれをうまく使う方法もレクチャーする。

もちろん、すぐにマスターできない人もいる。また、動かないところを「動かせ」と言われるのは苦痛をともなう。しかし、実は本人が動かせないと思っているだけで、動かせる場合も少なくないのだ。これはインストラクターのコーチングの善し悪しが大いに関係してくる。

ここでは、車椅子テクニックについて話したけれど、めざすは、それぞれの生活や人生のさまざまな目標である。車椅子を上手に活用して、もっと世界を広げてほしい。僕も車椅子ユーザーのライフキャリアデザインができるように、もっと勉強したいと思う。

近年、日本でも車椅子トレーニングの本が翻訳されたり、ユーチューブには車椅子ユーザーによるテクニックがアップされたりしているが、車椅子インストラクターという「仕事」というのは耳にしたことがない。また、僕のように車椅子ユーザー自らが、そのテクニックを実地指導しているというのは珍しいようだ。周囲から「草分けですね」とよく言われるが、正直、これはかなりのプレッシャーでもある。

車椅子の人がさまざまなテクニックを習得することができても、それを活用して何をするか、何ができるかというところに結びつけることができないと、その人の生活は変わらない。QOLは向上しない。つまり、車椅子インストラクターはテクニックの指導力と同時にカウンセリング力を兼ね備えていなければならない。この二つの力が巧みに連動して、はじめてその威力を発揮できる。自分自身のテクニックを磨き、カウンセリングを学び、相手のからだの状態に適した教え方を研究するなど、これからの僕にはやらなければならないことがいっぱいある。

また、車椅子そのものの性能もかなりよくなってはいるが、まだまだパーフェクトとは言えない。もし、パーフェクトの車椅子があれば、誰もがその車椅子に乗っているだろう。車椅子の可能性ももっと追究したい。

だから、僕はいつも初心者でありたいと思っている。これは、「初心忘れるべからず」ではなく、また、決して「私はまだプロではありません」という〝逃げ〟でもない。たとえば、スキー教室に入ったら、まず初級クラスの初心者。次は中級クラスの初心者。それから、指導者養成クラスの初心者というポジションにいたいのだ。

初心者というポジションは、肩肘を張ることなく、自分より上級のテクニックをめざすことができる。目標を見つけて、それをめざすのは、いつだって、やりがいと達成感をともなうはずだ。

今の僕はと言えば、車椅子インストラクターの草分け的存在の初心者ということになる。年を重ねてもこの心構えは、忘れずにいたいと思う。この初心者の僕といっしょに車椅子の仲間が一人でも多く外へ出てくれたら嬉しい。車椅子の選び方しだいで、乗り方しだいで、世界は変わる。その人の人生は明るく楽しくなる――その手伝いができたら、僕は最高なのだ。

日本においては、車椅子インストラクターという仕事は、社会的に認知され、かつ稼げる専門職としては未だ成立していないと言っていい。でも、僕は可能性を信じて、車椅子インストラクターを続けていく。そのなかで僕の世界も大きく広がっていくだろう。

# 第②部

# ユーザー七人に聞く

## 私と車椅子

蜂須賀裕子

## 朝霧裕さんに聞く

# たくさん笑って、私は自由な歌姫

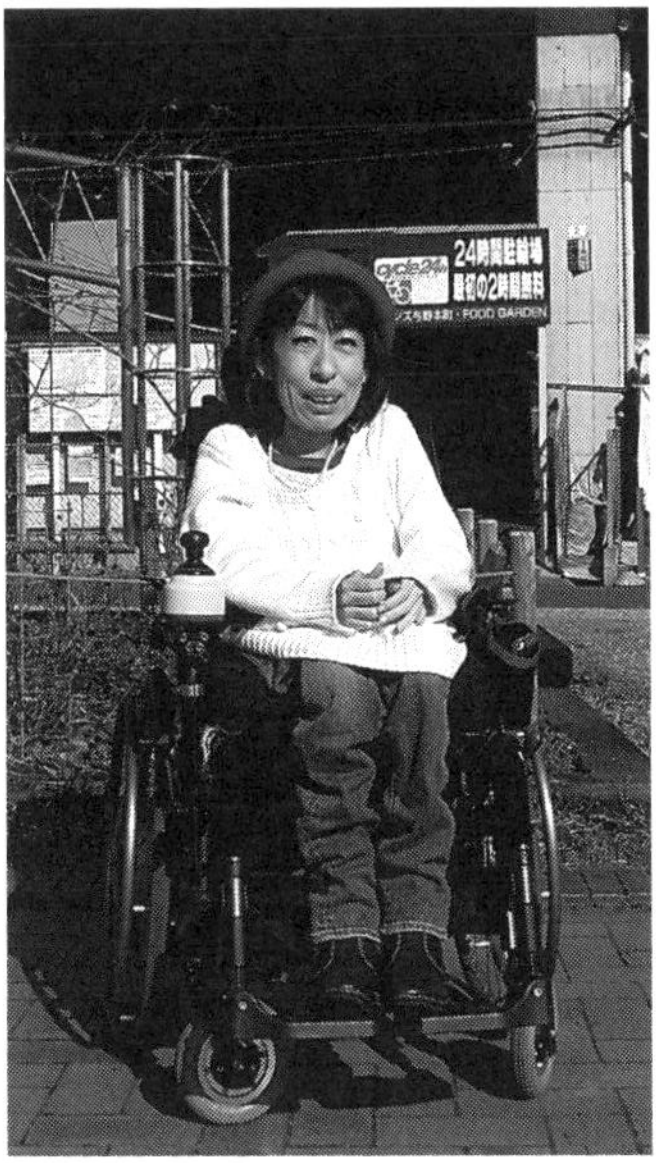


◉一九七九年埼玉県生まれ。ウェルドニッヒ・ホフマン症（進行性脊髄性筋委縮症）のため、車椅子の生活。埼玉県立熊谷養護学校高等部在学中に「全国障害者ありのまま記録大賞」に応募、詩部門で大賞受賞。エッセイ集でデビュー。二〇〇二年からシンガーソングライターとしての活動を開始。「車椅子の歌姫」と呼ばれるようになる。現在、二四時間介助を得てさいたま市に一人暮らし。「誰もが輝ける社会」を夢とし、執筆の他、『障害のある人、ない人が共に活躍できる場づくり』としての企画ライブにも精力的に取り組む。著書に『車いすの歌姫―一度の命を抱きしめて』（KKベストセラーズ）、『バリアフリーのその先へ！―車いすの3・11』（岩波書店）、CDに「空の音」（自主制作）など。http://www.dacco.info

ライブハウスのミニステージには、プレイヤーたちをじっと待つギターとパーカッション、マイクがあった。その前には空っぽの赤い車椅子。テーブルを退けて椅子だけ並べた客席には車椅子の人もいる。立ち見の人も少なくない。車椅子のシンガーソングライター、朝霧裕の三六歳のバースデーライブである。開演時間になると、今日の主役はお姫様だっこで現れた。彼女がステージの車椅子にふわりと降り立つと、いよいよライブのはじまりである。

「先天性の障害なので、ずっと車椅子の生活をしています。高校三年生のときから電動〈車椅子〉になりました」

朝霧さんは、〈車椅子のことなら何でも聞いてください〉と言わんばかりに、こう口火を切った。本当に小さいころ――二、三歳のときは、ほかの子どもたちより少し遅いけれど、五、六歳、いや七歳になれば、父親や母親のように自然に歩けるようになる、と信じて疑わなかったという。

当時も立ったり歩いたりすることはできなかったが、今より筋力があったので三輪車に跨《また》がってペダルを漕ぐことはできた。

「だから、次は自転車だ！って、思っていたんです。いつか歩けるようになるって思っていました」

ところが、幼稚園への入園が決まったある日、朝霧さんは車椅子をつくることになった。母親は毎日、幼稚園に付き添うつもりだったが、幼稚園で四六時中、母親に負ぶわれているわけにもいかない。それで、車椅子をつくろう、ということになったのである。車椅子の赤いシートは朝霧さんが自ら選んだものだったが、リハビリセンターではじめて車椅子に対面した朝霧さんは、心の中でこう叫んでいた。「こんなはずじゃなかった！」と。

「三輪車の次は自転車のはずでした。だから、車椅子では、いやでした。大人の言葉で言えば、これは絶望以外の何物でもありませんでした」

このとき、朝霧さんは〈歩くのは、どうも無理らしい〉と、悟った。が、目の前の両親は「いい車椅子だね。これで自由に動けるよ」とうれしそうにしている。朝霧さんは、本音を飲み込んで、「ありがとう。うれしい！」と、はしゃぐしかなかった。

「でもね。乗ってみたら、手の力だけで漕げるの。夢のようにスピードが出たの。からだが前へ前へ行って、『ふつうの人が〝駆ける〟っていうのは、きっとこれだ』と思えたんです」

朝霧さんの車椅子に対するイメージは、ここで一八〇度変わった。このときのことは「おばあちゃんになっても覚えている」と思えるくらいの感動だったという。

朝霧さんの通う幼稚園では、車椅子の幼児の受け入れははじめてであった。しかし、母親もずっと付き添ってくれたし、ほかの子どもたちともすぐに打ち解けることができた。子どもたちは車椅子を珍しがって、「あたしが押してあげるよ」「次、ぼくの番」と、代わる代わる押してくれた。車椅子に乗っている朝霧さんをうらやましがる子もいた。だから、幼稚園で嫌なことは何もなかった。ただ、体育座りで見学しなければならない運動会は、やはりさびしかったが……。

「障害者が健常者の中に飛び込むなら、少しでも早いほうがいい。子どもの感性は大人とは違うから、互いに〝遠慮なし〟で、素直な正直な気持ちでつきあえます」

そして、小学校。車椅子では教室移動も大変だし、まして六年間、母親が付き添わなく

第２部

# ユーザー七人に聞く

「音と踊りの創作舞台　虹」（2012 年 2 月 26 日）企画・出演
© 三好祐司

てはならないとしたら？——朝霧さん自身の自立という問題だけではなく、四歳下の弟のことも考え、朝霧さんは普通校ではなく養護学校に通うことを選んだ。三〇年も前のことだから、〝設備のバリアフリー〟なら、やはり養護学校が圧倒的に勝っていた。

「スロープもあるし、トイレは先生が手伝ってくれる。運動会の玉入れの籠は低いし、林間学校も修学旅行も不安なく参加できる。困ることは何にもないんです」

障害のある動けない子であった朝霧さんは、小学生になって障害の軽い動ける子になった。だから、積極的に友達をサポートする側に回った。もちろん、車椅子で、である。

「障害の種類やそのレベルは関係ない。みんな、きょうだいみたいでしたよ」


朝霧さんが〈車椅子を漕ぐのがきつくなってきたな〉と感じはじめたのは中等部二年のころだ。それまでは車椅子からベッドへの移乗もできたし、ちょっとした坂道も上れた。それがここへ来て、日を追うごとに筋力が弱っていくのを感じた。坂道がつらい、砂利道がきつい。フラットな道でもちょっと……。「怠けないで、しっかり漕いで」と叱咤激励する教員もいた。そのときのことを、いつも車椅子を押してくれた親友に聞いたら、「実はあのころ、ユミちゃん（朝霧さんの本名）は、そろそろ電動（車椅子）にしたほうがいいのかなあ」と思っていたという。

しかし、当時、電動車椅子を使う人は、まだ少数派だった。重さは一〇〇キロ、値段は車が買えるくらい高価で、入手までの敷居が高かった。最重度の障害を持つ養護学校の先輩が社会に出るために購入したというのが内輪のニュースになるくらい珍しかった。なにしろ「障害が進まないよう、もっとリハビリをがんばれ」という時代である。朝霧さん自身も〈そろそろ電動かな〉と思う反面、その気持ちを〈いや、リハビリで筋力をつけなくちゃ〉と打ち消していた。

高等部一年のとき、朝霧さんは「全国障害者ありのまま記録大賞」に応募、詩部門で大賞を受賞。これがきっかけとなり、テレビのドキュメンタリー番組で障害者権利運動の発祥の地、アメリカ・バークレーを訪れることになった。そこで、朝霧さんは車椅子に対する認識を再び新たにするのである。

カリフォルニア州立総合大学のキャンパスがあるバークレーは、ヒッピー文化発祥の地としても知られる活気のある街だ。街のあちこちで、さまざまな車椅子の人たちと出会った。レストランにも大学のキャンパスにも車椅子の人がいる。ショッピングをしている人、車椅子サッカーをしている人、ファッショナブルな恋人たち、猛スピードで走り回っている人もいる。彼らは、ごく当たり前に街に溶け込んでいた。

「日本では、車椅子というと、動けない、車椅子になってかわいそう、不自由……。難病で言えば進行の末期――というイメージ。でも海外は違う。車椅子イコール、動ける！自由！　困難から不屈の精神で再び表に飛び出した人のシンボルなんです」

たとえば、みんなで食事ができる店を探しているとき、「ちょっと探してこいよ」と言われるのは、たいてい電動車椅子に乗っている人だという。日本なら、きっと「車椅子だから、ここで待っていて」ということになるだろう。

「私は日本に戻って、電動（車椅子）に乗るようになったのですが、これまでの車椅子のイメージを覆したいと思いました。私が社会の意識を変えてやる！って思った」

朝霧さんの電動車椅子は二台目。初代の車椅子には一六歳から二〇年間、お世話になったという。それは、折りたためること、バッテリーが長持ちすること、なるべく軽量なこと、という条件で選んだドイツのメーカーのものであった。バッテリーや部品を取り替えながら、大事に、そしてアクティブに乗ってきたが、昨年、とうとう椅子自体の修理がおぼつかなくなってしまったのだ。

「私にとって、車椅子はからだの一部。〝相棒〟って言葉が一番あっていますね。ショッピングも旅行もライブも、どこへ行くのもいっしょ。四年前の3・11、東日本大震災の日も外出先で初代の相棒とずっといっしょでした。だから、初代は何かあったときにすぐ出動できるように今も大切に家に置いてあります」

バースデーライブは続いている。次はお待ちかね、朝霧さんの代表作といわれる『陽の下の花』である。イントロが流れ、「たくさん笑って……」という冒頭の歌詞が彼女の口から飛び出したら、ライブハウスの空気が一変した。みんなの心がつながって、見えない大きな輪ができたのだ。

歌の合間に、朝霧さんは「私のライブが人と人をつなぐ場になればいいな、と思います」と語った。これからの目標をうかがった。

「車椅子のアーティストとして歌い続けること。『こんな社会参加のしかたもあるんだ』ということをみんなに伝えたいのです。社会参加のロールモデルのひとりになれたら、本当にうれしいですね」

## 車椅子ユーザーと3・11

3・11東日本大震災では、大きな被害がでなかった地域でも、さまざまな深刻な影響がもたらされた。車椅子を利用している人たちには、とりわけ移動を巡る問題があった。

意外と知られていなかったのが、ホームエレベーターの緊急停止システム。ビルやマンションのエレベーターに限らず、ホームエレベーターも地震や機械のトラブルなどで自動的に停止した場合、専門のメンテナンス業者が点検をしてからでないと作動できないシステムのものがある。地震では震度四以上だと自分では動かせなくなるという。

3・11の震災では東京でも震度五を記録、広範囲でエレベーターが停止した。メンテナンス業者が出払い、点検・復帰作業に時間がかかったため、何日もホームエレベーターを利用できず困ったという家が少なくなかった。ちなみに、エレベーター内に携帯トイレや飲み物・懐中電灯などを置いて閉じ込められた場合に備えているユーザーもいるという。

アメリカの9・11のテロ事件のとき、ワールドトレードセンターの高層階にいながら助かった車椅子ユーザーや歩行困難な人たちがいたことが報告されている。同ビルは一九九三年にも爆弾テロ事件が発生。これを契機に各階に非常避難用の椅子が備えられた。階段を一定の速度で安全に降下できるような特別な椅子で、介助者が一人いれば操作できる。この椅子の設置場所を知っていたかどうかで明暗が分かれたという。

## コラム

3・11を経験して、「いつどこで災害に遭遇するかも分からないし、南海トラフ地震は絶対起きるから、車椅子の上だけで二、三日生き延びられるようにしておきたい」というユーザーもいる。具体的には、電動車椅子用の予備バッテリーを携行したり、ガラス片や瓦礫《がれき》の上の走行を想定してノンパンクタイヤに交換したり、座面下に収納用のネットを取りつけておき、水や食料などを入れるのに使用する。背もたれにかけたバッグは、混乱の予想される雑踏の中では移動の支障になるかもしれないからだ。

ノンパンクタイヤの欠点は重くて硬いこと。近年、軽量で細身のノンパンクタイヤも出回り、これなら自走用のアクティブな車椅子にも使える。日常的な空気の補充からも解放されるので、災害時でなくても、通勤や通学などにも有用だ。手動車椅子に電動ユニットをつけた「簡易型電動車椅子」にもノンパンクタイヤを選ぶ人が増えている。

電動車椅子のバッテリーでスマートフォンや携帯電話の充電ができるようなアダプターも販売されている。これなども、日常の便利さと非常時の安心を兼ねたものだ。

災害時は、トイレの問題も深刻だ。下水のマンホールを利用して、非常時にテントつきのトイレにする機材も阪神・淡路大震災を機に開発されている。手すりのついた椅子式の便器タイプもあり、これだと車椅子ユーザーや高齢者が使えるだろう。こうした〝トイレ〟を公園や公共施設の駐車場で使えるように配備している自治体もある。避難場所の確認だけでなく、住まいの周辺でのトイレ対策がどうなっているかも、チェックしておきたい。

上山のり子さんに聞く

# 姿勢がよくなると、ファッションもメークも変わる

●一九五二年、埼玉県和光市生まれ。一歳三か月のころ、ポリオにかかり、両下肢に麻痺が残る。養護学校卒業後、コンピュータ訓練センターを経てIT企業に入社。キーパンチャーとして働く。その後、結婚し、三人の娘をもうける。二〇〇二年からバリ島の子どもたちに中古の車椅子を贈る活動を、〇三年には車椅子の仲間たちとNPO法人TASCを立ち上げ、旅行会社と提携し、地方からの修学旅行生向けにバリアフリー体験学習のプログラムを作成（どちらも現在は活動休止）。現在は、車椅子での経験を生かし、専門学校や地域の小中学校で体験を語る活動をしている。趣味は旅行、スキューバダイビング、クルージングなど。

「自然の中でエネルギーをたくさんチャージしてきました」

上山さんは、数日前にバリ島から帰ってきたばかり。二〇〇二年からバリ島の子どもたちに中古の車椅子を贈る活動をしてきた。が、今回の旅は自分自身の〝癒やし〟が目的だ。〝塩好き〟が高じて、現地の市場で売っているブレンド塩では飽き足らなくなり、ガイドの男性に誘われ、塩田を訪ねたりもした。そこで、ざくざくと袋に詰めてきた塩は、海水を天日で干したもので、その甘みと旨《うま》みは格別なのだという。

「バリ島のバリアフリー？　うーん、段差だらけ、バリアだらけです。日本にいるようには動けませんよ。車椅子で快適に動こうと思ったら、ストレスがたまる。でも、動けなくて当然だと思っていれば、大丈夫。これは、考え方次第ですね」

バリ島には、バリアフリーという考え方がまだ浸透していない。車椅子で生活している人も本当に少ない。だから、街で〝車椅子マーク〟のついた設備も見られない。レストランや観光地のトイレも、個室の広さはあるものの、ドアは内開き。なんとか便座に移っても、車椅子が邪魔になってドアが閉まらないのだという。

「これで、おろおろしたらダメ。友達に車椅子を引いてもらえば、用は足りますよ」

上山さんが「本格的に」車椅子を用いるようになったのは、結婚して、子育てをするようになってからだ。ポリオで脚が不自由だったが、補装具と松葉杖があれば、歩けた。車椅子も利用するようになったのは小学生になってから。それも小中学生のときは療育センターにいたときだけだった。

「車椅子は子育ての必需品です。松葉杖では駆け回る子どもたちに追いつかない。荷物も運べないし、子どもも抱きかかえられない。車椅子なら膝の上が空いているし、スムーズに動けるでしょ」

実際、上山さんの車椅子の動きはスムーズだ。ホテルのロビーで待ち合わせして、いっしょに階下の珈琲ショップに移動した。上山さんは「なじみの場所だから」というが、エレベーターでも珈琲ショップの扉の開閉でもエスコートされるのは、私のほうだった。

「車椅子の乗り方は誰に教えてもらったんですか」と尋ねると、「療育センターでもメーカーの人もまったく教えてくれなかった……」と、上山さん。基本操作は子どものころ、療育センターで車椅子仲間と遊びながら、「これ、できる?」「すごーい!!」「どうやるの?」といった感じで身につけたという。

小さな段差は当たり前にクリアできたし、大人になって運転免許を取ってからは、車椅子を折りたたんで車に積み込んで動いていたから、それなりに車椅子を使いこなしていたわけだ。

「子育て中も車椅子（の使い勝手）は、こんなものかな、と思っていました」

当時、用いていた車椅子は折りたたみ式。話題になったテレビドラマで、ヒロインがおしゃれな車椅子を乗りこなしていたので、これに決めた。特に販売店やメーカーからの説明はなかったが、これまでのスタンダードタイプに比べれば、格段に動きやすい。ただし、長く乗っていると、首と肩が凝る。また、車椅子の座面が後ろ側に少し傾斜しているため、お尻が下がり、姿勢も悪くなる。このことは、ずっと気になっていた。

今、乗っている車椅子は、固定式。スウェーデンのパンテーラ社のものである。一〇年ほど前に、国際福祉機器展で見初めた。いや、見初められた。というのは、「ここの車椅子、シンプルでステキだな」と、展示されていた車椅子を眺めていたら、「乗ってみませんか」と声をかけられたのだ。スタッフは、まず上山さんを大きな姿見の前に連れて行き、「今のあなたの姿を覚えておいて」と、デジカメで車椅子姿の上山さんをパチリ。そ

夢だった着物姿で、娘の結婚式

の後、上山さんはパンテーラに乗り換え、シートや背もたれを調整してもらい、再び姿見の前へ。

「あれ？　不思議……。鏡の中の私はすっきりと姿勢を正して座っているんです。そのうえ、ほっそり見える。その姿勢で車椅子を漕いでみると、軽く動く。この車椅子に変えよう、と即決で購入を決めました（笑）」

この車椅子に乗るようになって、上山さんは肩凝りの原因も悪い姿勢のせいだと気づいた。お尻が下がった姿勢で、一生懸命、前を見て車椅子を漕ごうとすると、どうしても顔が上がる。そして、肩や首が凝る。この格好を関係者たちは〝ずっこけ座り〟〝カメさん〟などと呼んでいる。

「自分の体にあった車椅子に乗ると、姿勢もよくなるし、動きやすくなる。疲れない。車椅子に乗っている姿がきれいだから、自信が持てる。動きにも自信があるから見られても気にならない。これって、気持ちの余裕ですね」

上山さんは、この後、こう続けた。「女性の場合はファッションが変わる。メークも変わるはずですよ」と。

しかし、性能のいい、自分にあった車椅子を手に入れたからといって、誰もが最初から上手にかっこよく車椅子を操れるわけではない。それなりのテクニックは必要になる。

「私が車椅子の操作を理論的に理解できたのは、七〜八年前。『車椅子テクニックセミナー』というイベントに参加してからです。車椅子の乗り方やテクニックを教えてくれる人がいるんだ……これはちょっとした驚きでした」

スウェーデンのパンテーラ社から派遣された講師は、さまざまなテクニックを披露しながら、「(車椅子は)今、乗っているだけではなく、五年一〇年先のことを考えて乗りなさい」とアドバイスをくれた。今、悪い姿勢で乗っていると、将来的に心身に響くと強調した。

何度かセミナーに参加した上山さんは、かっこよく、きれいな車椅子さばきが、疲れにくく、またストレスがたまらない乗り方につながるということを身をもって実感した。きれいな車椅子さばきは、それこそQOLを高めてくれる。

「実は、このセミナーで車椅子インストラクターの岡野さんに出会ったのです。講師として参加されていたのですが、私の目が彼をとらえた瞬間、『日本人で、こんなにステキに車椅子に乗っている人は他にはいない』と思いました。このときの印象は、今も映像として頭の中に残っていますよ」

セミナーでは、参加者が暮らしの中のさまざまなシーンで必要とする車椅子テクニックを実際に体験しながら、身につけていく。キャスターの上げ方、車輪の漕ぎ方、上半身の体重移動や腕の力の入れ具合など、ちょっとしたコツと慣れがものをいう。

「セミナーで、コツや基本のやり方をしっかり理解する。そして、帰ってから何度かやってみれば、マスターできますね。街に出たとき、人込みの中などで、周囲に違和感を与えずに、さりげなくその場に溶け込んで車椅子で行動できるというのがいい。たまに必要に迫られて、二〜三段の階段をトントンと降りると、『すごーい!』と言われることもあります。これはちょっとうれしいかな(笑)」

上山さんは旅行が好きだ。友達や家族とさまざまな国を訪れている。旅行が好きな理由のひとつは「違う国や土地に行って、いつもと異なる環境に身を置くと、自分の力の限度がわかる」からだという。「やらざるを得ないこと」が発生すれば、チャレンジするしかない。これは、誰にも当てはまることだが……。

上山さんは、より快適に動くために車椅子にさまざまなしかけをしている。たとえば、車椅子の前方に装着するゾウの鼻のようなタイヤ「フリーウィール」――直径が三〇センチあり、これを着けることで車椅子のキャスターが地面から浮き、車椅子は芝生の上や雪道も楽に走行できる。また、フットサポート（足台）の前に簡単に着けられる荷物用のラックには一〇キロまでの物が置けるという。

「生活を少しでも快適に便利にしようという気持ちを持っていれば、情報は自然に集まってきます。私にとって車椅子はからだの一部。〝動く椅子〟とはちょっと違う。行きたい方向に、からだにちょっと重心をかけると、私の意志が伝わって、そっちに動くでしょ。車椅子でおしゃれして、いろいろなところに行って、かっこいいおばあちゃんになりたいですね」

上山さんの車椅子のフレームカラーは、もうひとつの足であるマイカーと同じ青色。そう、特注である。

コラム

# ドラマの中の車椅子

古くは一九五四年のアメリカ映画『裏窓』（アルフレッド・ヒッチコック）から大ヒットした二〇一一年のフランス映画『最強のふたり』、二〇一五年の日本映画『マンゴーと赤い車椅子』など、車椅子ユーザーが登場する映画は少なからずある。

『裏窓』は一九九九年にクリストファー・リーブの監督・主演によりテレビ映画としてリメイクされた。オリジナル版の主人公は足の骨折で手動車椅子に乗っているが、リメイク版では頸髄損傷のリーブ自身が電動車椅子で出演している。その電動車椅子は呼気で操作するタイプで、電動ティルトやリクライニング機構も備えており、背部には人工呼吸器も搭載していた。

また、『鬼警部アイアンサイド』（アメリカ、一九六〇年～）や『ビューティフルライフ』（日本、二〇〇〇年）など、テレビのシリーズドラマでも車椅子ユーザーが主人公になることがある。

ビューティフルライフは三〇％を超える平均視聴率をとり、最終回は四一・三％に達した。主人公は美容師の男性と図書館司書の女性。女性の乗る車椅子が印象的で、車椅子メーカーの営業担当の話では、普段は車椅子に乗っていない人にも売れたことがあるという。

鬼警部アイアンサイドでは、主役の車椅子の刑事はリフトつきの大型バンで事件現場に移動し、見習い刑事の助手が運転をしていた。ビューティフルライフやマンゴーと赤い車椅子では、手動運転装置つきの車を主人公自身が運転するようになっている。

　映画やテレビのドラマに登場する車椅子ユーザーは、当然のことながら、時代とその国の文化の中に生きている。たとえば『ウイニング・パス』（日本、二〇〇四年）は、松山ケンイチ演ずる高校生の主人公が車椅子バスケに出会って自らを取り戻す話。バイク事故で歩けなくなった彼の葛藤と家族の支えを描く。一方、『グレイトデイズ！』（フランス、二〇一四年）は、トライアスロンに挑む脳性麻痺の障害を持つ一七歳の少年の話。役者はオーディションで選ばれた実際の車椅子ユーザーで、日常は電動車椅子で過ごしている。映画はいかにレースに参加できるか・するかが見どころだ。少年の挑戦が、失業中で落ち込む父親を立ち直らせることも描き出される。


前二本の映画と最強のふたりの共通点は車椅子を製作・改造していること。〃最強のふたり〃の改造電動車椅子が疾走するシーンに胸を躍らせたユーザーも少なくないだろう。

　ところで、ビューティフルライフ第一話の冒頭——図書館司書の女性が通勤の車を車椅子マークのある駐車場に停める。その直後、本を借りに来た男性が運転席ドア近くにバイクを停めると、「ちょっとぉ、そこ停めないでよ」と注意する。怪訝《けげん》な顔でバイクを移動した彼の前に、ドアを全開にして車椅子を降ろす彼女の姿……。

　車椅子マークの駐車場の多くは店舗など建物の入口近く。ドラマの放映から一五年ほど経っているが、「スペースも広くていいし」と停めてしまう人は今もいそう。ドラマでは、その後ふたりは恋に落ちるのだが。

## 佐藤智さんに聞く

# 目的はただひとつ、楽しく暮らすこと

●東京生まれ。車椅子歴九年。二〇一一年、勤め先のオフィスビルで東日本大震災に遭遇。これを機に転居し転職を決める。現在は手動運転装置付きの車で通勤。心臓疾患があるためスポーツができなくなったので第二の道楽を模索、写真を始める。現在二台目の車椅子には電動アシストユニットを装着。フリーウィールを付けての河川敷の散歩も日課のひとつ。最近のマイブームは気ままな美食探訪。〝おひとり様車椅子〟に店員が一瞬とまどう姿を観察するのも楽しみのひとつだとか。

「取材のテーマは車椅子？　私にとって車椅子という道具は必要ですが、車椅子も車椅子に乗っている自分もあまり好きではないから、私は適任じゃないかもしれませんよ」と、冒頭に言われてしまった。でも、佐藤さんは、こちらを緊張させないように、淡々とユーモアを交えて、「一度死んだ」体験を、車椅子デビューの話をしてくれた。

三九歳の冬のことだ。佐藤さんは長野県のスキー場で寝不足と脱水症状で倒れ、心肺停止状態に陥った。蘇生後の心筋梗塞、多臓器不全により一か月経っても意識は戻らず、「目が覚めたら春になっていた」という。血流が脚に行かなかったため、壊死した両足を切断した。担当医師からは義足で社会復帰をめざそうと言われたが、その後、感染症にかかり、さらに両足を短く切断しなければならなくなった。膝の上、大腿部《だいたいぶ》二分の一以上の切断および右内転筋の切除であった。

それにより、義足をつけても歩くのは無理な状態になった。それで、全面的に車椅子に頼ることになる。

心臓も腎臓も弱っていて、倒れてから半年間はベッドの上で頭を動すこともできず、機械によって生かされていたのだから、動けるようになったのは奇跡的だといっていい。

「選択肢は他にない。手段は車椅子しかなかった。だから、車椅子にあまりいいイメージはないんだ（笑）。でも、せっかく生き返ったんだから、楽しく暮らさないと、ね」

少し動けるようになった佐藤さんは、長野の病院から東京の病院への転院を決めた。これは、東京から長野の病院に通ってきていた家族や友人のことを考えた結果だった。このまま感染症が広がれば、体内に残る壊死部位を切除しなければならない。医師から最悪の場合は腰から下がなくなると告げられていた。が、とにかく東京に戻ることを選んだ。

東京への移送を可能にするため、電動ベッドを傾け、血圧計を睨《にら》みながら、からだを起こした状態を保つ時間を少しずつ延ばす訓練が始まった。病院の車椅子に座れるようになり、そのままの姿勢で移動が可能になるには、夏が来るのを待たなければならなかった。

佐藤さんはこのとき、はじめて車椅子に乗車した。

佐藤さんは、東京の病院に移った。半年以上、ベッドの上だけの生活だったので体中の筋肉が衰えていた。食事をするのもベッドから起き上がるのも重労働だ。リハビリがはじまり、少しずつ体力が戻ってきた。どうにか自分の手で車椅子が漕げるようになって、自力で移動ができるようになったが、車椅子に座っていること自体がつらい。痛いのである。大腿部を途中から切断しているので、車椅子の座面に当たる部分の面積は小さくなる。だから、上体の体重が残された大腿部に集中してしまうのだ。

「当時は、リジッド式の車椅子があるなんて知りませんでした。私が使っていた車椅子も病院や区役所などに置いてある折りたたみのものと、さして変わらなかった。ああいう車椅子って、ビーチで使う椅子みたいでしょ。折りたたみだから、座り心地がいいわけないんですよ」

いろいろな車椅子を試してみたが、どれも座って動いてみるとお尻や腰が痛かった。

「これなら、大丈夫」「これは乗り心地がいいと思います」と福祉機器の事業所やメーカーが座面にクッションが入った車椅子などを持ってきてくれたが、やはり痛い。

「後でわかったのだけれど、私は他の車椅子ユーザーとは、求めるものがちがっていたのです」

車椅子を利用している人たちの具体的な状況を見れば、実は立つことができたり、支えがあれば歩けたり、車椅子がなくとも何とかなる人たちのほうが存外に多いのだ。彼らにとって車椅子は移動のために一時的に利用する道具、安全な移動手段なのである。しかし、足がなければ、車椅子は移動だけでなく、からだの一部としての両足に代わるものとなる。だから、自ずと車椅子に求めるものは、佐藤さんと他のユーザーとでは異なるのである。車椅子がなければ、座位を保っていられない佐藤さんにとって、車椅子選びの一番のポイントは座っていても痛くないことだった。

「車椅子メーカーなどがしばしば『アクティブに動ける車椅子』なんていうけれど、私の場合は、そんなレベルの問題ではなかったのです」

そんなとき、リハビリを担当していた医師が佐藤さんに「こんな車椅子はどうだろう」と、ある雑誌を持ってきた。そこにリジッド式の車椅子についての記事が載っていたのである。早速、佐藤さんは雑誌に掲載されていたスウェーデンの車椅子のデモ車を病院まで持ってきてもらうことにする。

「乗ってみたら、完璧ではないけれど痛みは少ないし、動きやすい。いやあ、救いの神でしたね」

からだが動かないときは、食欲をはじめとする欲望はまったく湧いてこない。動きたいという欲求も薄かった。動くことができても痛ければ、動きたくなくなるのは当然だ。流れる時間の長さばかりが気になり、それが焦りになり、重くのしかかってきた。ところが、痛みを伴なうことなく動けるようになったら、少しだけ先のことが考えられるようになったのである。

「外に、街に出てみよう。きっと嫌なこともあるだろうけれど、他人の視線や扱いにも慣れておかなくっちゃ、という気になったんです。病院では過保護にされていましたが、街に出たら車椅子の人間はどんな目に遭うのか、今のうちに知っておこうと思いました」

それから、佐藤さんはリハビリと称して、土日になると外出許可を取り、病院を起点に街を動きまわった。義足に履かせる靴をデパートに買いに行ったりもした。このとき、店員は驚きを隠し切れなかったという。

そして、確かにいやな目にもあった。狭い通路やエレベーターでは露骨にいやな顔をされたし、車椅子を後ろから蹴られたこともある。車椅子が倒れたら、起き上がるまでにはかなりの時間がかかった。

「でも、世の中にはいい人も確かにいるのです。捨てたものではない。車椅子になって、それがわかったことは収穫でしたね」

退院後、佐藤さんは再就職した。会社は高層ビルの上層階にあった。電車を使って車椅子で通勤した。いつも早朝の空いた電車に乗るようにしていたが、たまに寝坊すると、ラッシュにひっかかる。エレベーターも電車も混んでいて、それこそ〝仁義なき戦い〟である。仕方なく電車を何本も見送っていると、どこからか率先して車椅子のスペースを確保してくれる人が現れる。休日の外出先でもノンステップバスが来ない路線では、乗客が次々にバスから降りてきて、車椅子を持ち上げてくれる。世の中、本当に捨てたものではないのである。

佐藤さんは、一人で街に出かけようと思ったときに、すでに精神的なバリアはなくなっていたのかもしれないという。どんな場合も引きこもりの原因は、身体的なものよりもメンタルなものが大きな比重を占めるのだ。一人で街へ出て、誰かと話し、助けを借り、自分で工夫する。これは介助者がついていたら、経験できないことだ。

「車椅子に乗っていると、視線は子どもと同じ高さ。だから、子どもの気持ちがよくわかる（笑）。頭の上でいくら小言を言っても効き目はないよね。視線の高さが変わるから、これまで見ていた風景が違って見えて、最初のうちは、よく迷子になりました。これには参ったな」

街中での佐藤さんのライバルはベビーカーを押しているママたちだ。エスカレーターでも階段でも電車の乗り降りでも彼女たちは本当に上手に賢く安全にベビーカーを操る。見ていて、「なるほど」と思うことも少なくないという。

佐藤さんは、スキー場で倒れるまで、〝サラリーマンのかたわらの道楽〟と称して、スキーのインストラクターをやっていた。だから、シーズンになると、仕事の合間を縫ってあちこちのスキー場へ出かけていた。

「スキーは、想像していたことを自己実現するまでに、タイムラグがある。あの人がやっているボーゲンをやるには上半身の体重移動をどうすればいいか……とかいろいろ考えて試行錯誤する。それができたときは、すごくうれしい。……そうか、私は車椅子でも同じことをしている。こんなことができるかなと想像して、考えて、イメージして、修正して、実現させる――これってスキーと同じですね」

「それで、座ったままの車椅子が嫌にならなかったのかな」と、佐藤さんは今、気づいたようにつけ加えた。

今では飛行機にも乗るし、海外にも出かける。買った車を手動運転装置付きに改造した。3・11をきっかけに転職もしたし、住まいも一階のバリアフリー住宅に移った。それは震災当日、会社のある高層ビルのエレベーターが止まり、朝方まで職場にとどまるはめになったからだ。さらに、ヘトヘトになって自宅に帰りつくと、今度はマンションのエレベーターが停止。おまけに復旧の目処が立たないということで、近くのファミレスで半日を過ごした。

この先、良いことも悪いことも含めて、まだまだはじめてのことにたくさん遭遇するはずだ、と佐藤さんは考えている。

「目的があれば、あとは手段を考えるだけ。義足も車椅子も車も手段のひとつ。私の目的？　目的はただひとつ。楽しく暮らすことです。せっかく生き返ったのだから、小さなことでは悩まない。あっ、そうか……仕事でへこむことは、多々ありますね（笑）」

## 車椅子ユーザーの通学・通勤

都市部における鉄道や路面電車・バスなどの公共交通機関のバリアフリー化は多面的に進んでいる。かつて車椅子ユーザーの通学・通勤は近距離なら車椅子で行くか車――子どもなら送迎バスもあるが、それ以外はほとんど自家用車だった。

二〇〇〇年の交通バリアフリー法の施行以降、駅のエレベーター設置率やノンステップバスの導入率は高まっている。

ノンステップバスの導入率は地域差が顕著だが、大都市では一〇〇%のバス会社もあるほどだ。ノンステップバスは空気ばねを使っていて、停留所で車高を下げることができる。これはニーリング(kneeling：膝をつく)と呼ばれ、通常三〇センチの床の高さが二五センチになる。車椅子はバスに設置したスロープで乗降する。この高さなら、子どももやお年寄りにも乗降が楽だ。

ある規模以上の駅はおおむねエレベーターの設置が完了している。ただし、都心の駅でも、たとえば御茶ノ水駅のように大通りと神田川に挟まれた狭い地形のために設置が困難とされ、車椅子用階段昇降機に頼ってきたところもある。しかし、現在、この御茶ノ水駅も五年がかりの大規模な工事が進められている。最寄りに学校や病院などが多い駅だけに、早期のバリアフリー化を期待する車椅子ユーザーも多いだろう。

そもそも大学などへの進学や就職は車椅子ユーザーにとって困難な時代が長かった。当

## コラム

事者たちの頑張りや市民の支援などで今日の状況になっている。世界的に見れば「障害者権利条約」が国連で採択されたのが〇六年、日本は翌年署名、国内法整備を進めたうえで一四年に条約を批准。この条約には教育や雇用の保障、バリアフリーの促進などが盛り込まれている。日本もスウェーデンなどの〝福祉先進国〟のように、法整備や街のバリアフリー化とともに、車椅子ユーザーの必要とする手助けを誰もがさりげなくしてくれる社会になることを期待したい。

一九八〇年代後半から、欧米の多くの都市では路面電車が復活している。過去の交通手段と思われていたものが、最新の技術で快適な移動手段に変貌している。街中では路面をゆっくりと走るが、郊外の路線に乗り入れると、時速一〇〇キロの高速走行できるものもある。機器の小型化で低床化が可能になり、ウィーンの路面電車は一八センチと世界で最も床が低い。カサ上げした停留所では段差ゼロになり、車椅子やベビーカーの利用には最適な環境だ。日本の地方都市で活躍している路面電車も新造車両は低床化されつつある。

こうしたハードウェアの整備とともに、車椅子ユーザーの通勤・通学を支える大きな力として、操作テクニックを忘れてはならない。街の歩道が整備されたとは言え、小さな段差や排水溝の蓋の溝などは至る所にある。これらをバリアとせずにかわしていくテクニックがあれば、臆せずに颯爽《さっそう》と街歩きを楽しめるだろう。また、入り口などに二、三段の階段のある場所も多い。ちょっとのサポートで上り下りできるテクニックがあれば、行動範囲はぐっと広がるはずだ。

## 清水直也さんに聞く

# 声を上げていくと、地域は便利になっていく

◉一九九一年、埼玉県生まれ。脳性麻痺で幼稚園生のころから杖と車椅子を併用。中学校までは地元岩槻市（現さいたま市）の学校に通い、高校からは一〇キロほど離れた宮代特別支援学校に通学。OMIYAばりあフリー研究会のメンバーとして『ばり研通信』の編集なども行なっている。趣味は野球やサッカーなどのスポーツ観戦。サッカーはサンフレッチェ広島のファン。四つ子のきょうだいのひとりとして切磋琢磨しあって育つ。

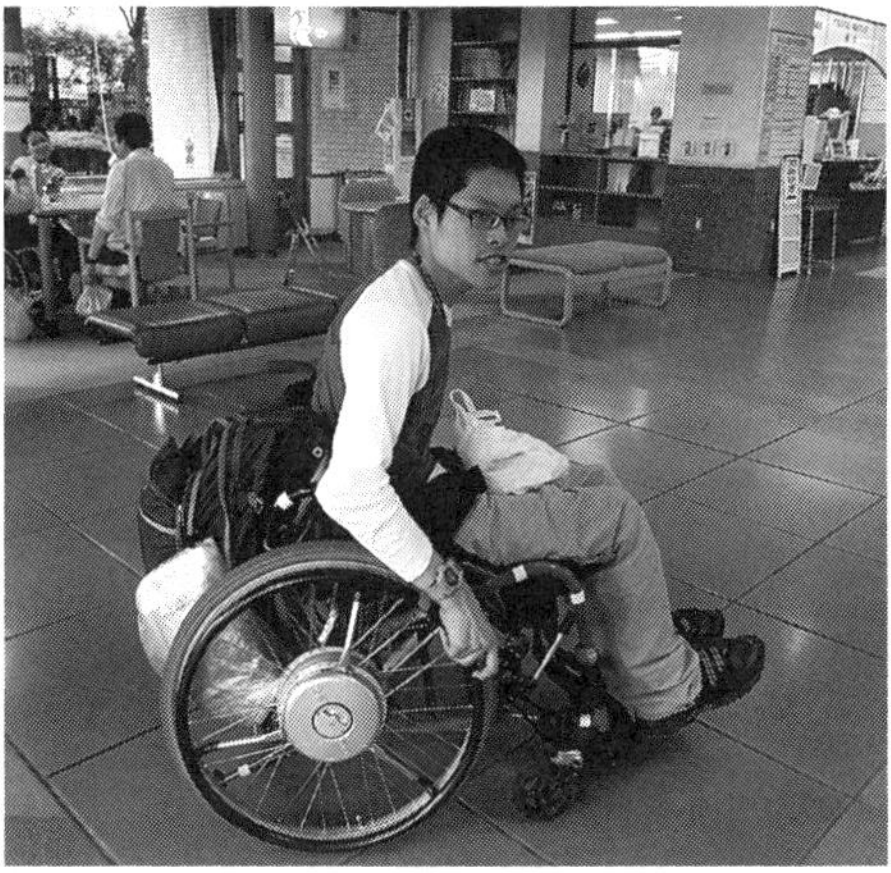

大宮ふれあい福祉センターは、埼玉県さいたま市の住宅街にある。JR大宮駅からだと、バスで大宮警察まで行き、そこから五分くらい歩くことになる。

今日は木曜日。一階のロビーにパン屋さんが来る日である。玄関を入ると、なんやら活気が伝わってくる。「いらっしゃいませ」という声のほうに目をやると、細長い机をつなげたパン屋さんの出店があった。

お客さんにパンの説明をしている人、商品を袋に入れている人、お釣りを勘定している人、商品を並べ直している人など数人が立ち働いている。みな〝ばり研（OMIYAばりあフリー研究会）〟のメンバーだ。ボランティアらしい人もいる。店の前であれこれ物色していたら、今日のメインの取材相手、清水直也さんが車椅子でやってきて、商品の説明をしてくれた。

パンは桶川市のパン屋から仕入れている。実はメンバーのKさんの父親がパン職人なのだという。イチオシのアンパンは粒餡とこし餡の二種。メロンパンはメイプルシロップとクリーム入り。食パン、フランスパンをはじめ、さまざまなパンが並ぶ。パンといっしょに煎餅《せんべい》も委託販売している。これは清水さんが通っていた特別支援学校のある宮代町の名物。クッキーとパウンドケーキは、ばり研のメンバーたちの手づくりだ。

ばり研では、この活動を「人力車販売」と呼んでいる。ここでの出張販売は毎週月・水・木曜日。この日に合わせて、わざわざパンを買いにくる常連客もいる。ほとんどが近所に住む人たち。年配の男性もいる。

ばり研についてスタッフに聞いた。米澤匡宏さんは、一〇年ほど前、施設長に誘われて、ここの職員になった。メンバーにとっては、「きびしいが、何でも相談できる頼りになる存在」である。

ＯＭＩＹＡばりあフリー研究会は、一九九六年、大宮駅のエレベーターやスロープなどバリアフリーの現状を調査するバリアフリー点検に集まった人たちによって設立された。代表は創立メンバーのひとりであり、さいたま市議を務める傳田ひろみさん。障害のあるなしにかかわらず、学校に行ったり働いたり、普通に暮らせる地域づくりをめざしている。

「ばり研は学校と社会をつなぐ中間地点でもあるんです」と米澤さんはいう。現在、メンバーは九名。なんらかの障害をもつ二〇～四〇代である。車椅子を使っているのは、清水さんをはじめ四名だ。ここの活動を通して、メンバーそれぞれが生きる力と自信を身につけ、社会に出て行くわけである。あくまでも目的は仕事に就くことだ。

メンバーのひとりが「でも、ここは就職しても遊びに来られるし、挫折したら舞い戻れる場所」だと補足してくれた。

ばり研の活動、つまり仕事は「ＮＥＵＥ（ノイエ）」という地域活動支援センターで行なわれている。主な仕事は前述したクッキーの製造、ショップの運営、仕入れ、ポップづくり、最近では、さいたま市のＰＲキャラクター「つなが竜ヌゥ」の頭部をかたどったキャップの製作も行なっている。

米澤さんに、今回の取材テーマである車椅子について、コメントを求めると次のような言葉が返ってきた。

「ばり研は名前が示すように、もともとはバリアフリーとは何かを考えるグループです。最近は、街のバリアフリー化が進み、車椅子でも公共交通などは利用しやすくなりました。これはいいことです。でも、その分、人々の障害者への関心が薄れたというか、車椅子や杖を使っている人たちに、手を貸してくれる人が少なくなったように思います」

今日は、年に一度の「鉄道のまち大宮　鉄道ふれあいフェア」でパンの出張販売

電動車椅子を使っているメンバーの橋本和憲さんも「障害者トイレは増えたけれど、広さが十分でないため、車椅子で入りにくいところもある。あとちょっと広ければ……と思うこともありますよ」と話してくれた。

清水さんの店番の仕事が一段落し、昼休みに入るというので、ご飯を食べながら話をうかがうことにする。

清水さんは、二三歳。四つ子である。脳性麻痺のため幼稚園のころから、車椅子と杖を使っていたという。

「学校で杖を使っていましたが、小学六年生のとき、もっと自由に動けるように学校に車椅子を置かせてもらいました。この車椅子は折りたたみタイプ、キャスターが回転するとキラキラ光るんです」

今はリジッドの手動式と折りたたみの電動アシスト式の二台を使い分けている。今、乗っているのは、電動アシストのほうだ。

「リジッドは、スポーティで乗り心地もすごくいい。漕ぐのも軽いし、小回りも効きます。だから、以前はずっとそっちでした」

清水さんは、地元の公立小学校・中学校を経て、宮代特別支援学校の高等部に進んだ。このときは、毎日、スクールバスの停留所まで祖父の車で送ってもらっていた。

電動アシストの車椅子を使うようになったのは高等部三年生になってからだ。学校で電車やバスの乗り方の練習をしたことがきっかけだったが、祖父が体調をくずして車での送迎が難しくなったこととも無関係ではない。

「外での活動が多くなると、電動のほうが何倍も楽です。ただし、僕のは簡易電動だから平坦な道でないと、つらい。電動といってもパワーがないんです。このタイプの車椅子は、キャスターが細いので、よく排水口の溝に嵌《は》まる。これが欠点ですね」

今では、ばり研の活動があるので、もっぱら電動アシストを使っている。自宅の最寄駅である「岩槻」から「大宮」まで一〇分あまり、もちろん電車を使っての通所だ。帰りは、一つ先の東岩槻駅まで乗り越し、大宮行の電車で岩槻駅まで戻ってくる。岩槻駅はホームが二面あって、大宮方面行は改札からスロープで出入りできるが、反対方向のホームからは跨線橋《こせんきょう》の階段を上り下りしないと改札に出られない。こうした通所を四年ほど続けてきたが、最近やっと岩槻駅にもエレベーターが設置され、乗り越しをしなくても済むようになったそうだ。

「数年前、岡野さんが講師を務める車椅子テクニックセミナーに参加したことがあります。車椅子で階段を上ったりする技にも驚かされましたが、スウェーデン留学の話が興味深かった。日本とスウェーデンでは、障害者に対する人々の意識が違うんですね。セミナーでは刺激されることばかり。車椅子のご夫婦のバリアフリーの家づくりとか参加者の話もためになりました。これからは、海外にも行きたいし、車の免許を取って友達と遊びにも行きたい。一人暮らしもしてみたい。いろいろな経験をしてみたいです。そのためには、まず車椅子で気軽に出かけられる状況をつくらないとだめですね」

清水さんは車椅子を少し回転させて、電動アシストのバッテリーを見せてくれた。ビニール袋で覆われている。

「国際福祉機器展に行ったとき、ヤマハなどのメーカーに聞いてみたんだけど、専用カバーは作ってないんですよ。でも、雨の日はバッテリーが濡れると、心配でしょ」

また、ほとんどの車椅子にはライトや反射板がついていない。これでは、夜、後ろから来る車は、車椅子に気づくことができない。オプションでつけられるものもあるが、多くの人が背もたれにバッグなどをかけるので、ライトは隠れてしまう。それに気づいたのは清水さんの父親。「後ろがあぶないぞ」と、ホームセンターで、ちょうどいい大きさの自転車のライトを買って来てくれたという。

「車椅子もユーザーの要望に応えて、カスタマイズできるといいですね。僕も行動範囲が少し広くなってきたら、安全に快適に移動できるということが車椅子の一番の条件だと思うようになりました。それには車椅子の性能だけでなく、街や建物の設備も重要です。誰かが率先して声をあげないとだめですね。僕もわかってはいるんですが……。僕はまず、家族とか周囲の人に理解してもらうことから始めようと決めました。これまで、きょうだいたちと、そういう話をしたことはあまりないのです」

コラム

## 簡易型電動車椅子の利点と欠点

電動アシスト自転車は日本のヤマハ発動機が一九九三年に世界で初めて発売したという。その後、この技術を応用して、手動車椅子の車輪をモーターつきの電動ユニットにつけ替え、電動車椅子にすることができるようになった。種類はアシスト式とジョイスティック操作式の二つ。普通型の電動車椅子に対し、簡易型電動車椅子と呼ばれるこのタイプの、ここ数年の普及は目覚ましい。

アシスト式は、ハンドリムにかかる力をセンサーが検出し、それに応じて補助モーターが回る仕組みだ。電動アシスト自転車と同じような機能を持ち、上り道に威力を発揮する。左右のハンドリムを均等に漕げない人も真っ直ぐに進めるよう、アシストユニットに内蔵したコンピュータで補正する機能も備えている。

ジョイスティック式は、ハンドリムを操作するのが苦手な人向き。指や足、顎の先など、自分でうまく動かせる部分でジョイスティックと呼ばれるレバーを操作する。レバーの形は棒状や丸型・丁字形など各種あり、ユーザーのニーズに合わせて設定できる。さらに、ユーザーが操作しやすいように、加速度・旋回速度・ブレーキの効き具合などパラメータの変更も可能だ。

簡易型普及の背景には、普通型が八五キロ以上あるのに比較して軽量で扱いやすいことがあるだろう（と言っても、バッテリーを含め三〇キロほどになる）。近年はスロープつきの福祉車両を使う一般家庭も少なくないが、値段も張るし、車種によっては乗車定員が減ってしまう。簡易型ならコンパクトなので、ユーザーが車のシートに乗り移りができるなら、車椅子をトランクや後部の荷物スペースにしまうこともできる。ただし、簡易型でも、乗せ降ろしを一人でするのは肩や手首、腰を傷めることにもつながるので避けたい。携帯用の折りたたみできるスロープを常備しておくといい。

また、簡易型普及のもう一つの大きな理由は、日本の文化と住宅事情にある。日本では車椅子のまま自宅に入るユーザーは少なく、玄関で室内用車椅子に乗り換えたり、車椅子から降りていざったり伝い歩きしたりすることが多い。普通型の電動車椅子だと、玄関先に置くスペースがないと、外に置かなければならない。簡易型電動車椅子だったら、玄関先に置いたり室内に持ち込むこともできる。

利点の多い簡易型だが、ベースになる車椅子が手動車椅子なので、使う人や環境によっては細心の注意が必要になる。

まず、バッテリー容量が小さく長距離移動に不向きなこと。キャスターの径や幅が小さく溝にはまりやすいこと。構造上、キャスター上げができず段差越えには不向きなこと。特に踏切を渡るときなど脱輪の危険が大きいことなどを考慮して選択してほしい。

また、簡易型に使われる車椅子の多くは、電動車椅子として使うことを想定した設計や強度計算をしていないので、体重が一〇〇キロ程度あるユーザーが利用したり、凸凹の路面を頻繁に走行するといった場合、フレームの破損に至る心配がある。

藤田典子さんに聞く

# 伝えていきたい、楽しくかっこいい乗り物だと

◉一九七二年茨城県生まれ。つくば市役所勤務。社会福祉士。つくばバリアフリー学習会および日本車いす協会会員(日本車いす協会は休眠中)。自宅新築の体験は、つくばバリアフリー学習会で「車イスユーザーの家」と題して報告した。各地で開催される車椅子のイベントやセミナー、展示会などにも積極的に参加。現在は手動車椅子に加え、米国製の電動車椅子も使いはじめたという。趣味のひとつはダンス。

「子どものころの私にとって、車椅子は外出先のイベント会場などで乗せてもらえる、特別な乗り物でした。家族に押してもらったり、自分で漕いだりしてました」

藤田さんは、軽やかに車椅子を漕ぎながら話し出す。ここは東京ビッグサイト。国際福祉機器展の会場である。

藤田さんは二歳のときにはすでに障害者手帳を交付されており、「決して軽いとはいえない」脳性麻痺だが、中学生になるまではロフストランドクラッチ（腕に装着するタイプの杖）を使って歩いていた。学校も小学校からずっと普通校である。

杖の生活に車椅子が加わったのは、中学二年生のときだ。股関節を傷めてしまったので、社会福祉協議会が貸し出していた子ども用の車椅子を借りた。これはごく普通のスタンダードタイプ。動くことは少し楽になったが、一台では教室移動のすべてには対応しきれないし、必ずしも使い勝手がいいとはいえなかった。だから、一階に降りて体育館に行くときなど長い距離を移動しなければならないところでは、教師が使っているキャスター付きの椅子を車椅子代わりに使ったりしていた。これは車椅子を何台も用意することが難しいため、学校と相談した結果だった。

高校一年生になって、はじめて車椅子を購入した。ステンレス製の折りたたみ式だ。授業のときは普通の机と椅子を使い、主に移動用だったが、そのまま机に入れるようにひじ掛け部分を短くしてもらったので、使い勝手は格段によくなった。ひじ掛けがスタンダードの長さだと机の天板につっかえてしまうからだ。自分専用の車椅子を所有したことで、自ずと車椅子を使う頻度が増えた。さらに、車椅子がもう一台必要だと思ったのは、大学入学がきっかけである。

藤田さんの通っていた高校は茨城県の公立高校。共学制ではあったが実際のところ女子しかいない〝女子校〟だった。卒業後はほとんどの生徒が県内、あるいは東京の学校や企業に落ち着く。

「でも、私は過去を引きずりたくなかったのです。地元にいたら、いじめられた思い出にしばられたままだと思って……。自分を変えたかった」

だから、藤田さんは東京でも大阪でもなく、長崎の学校に進学した。ミッション系の短大。専攻は日本文学だ。

「受験の手続きをする前に、まず受け入れてくれるかどうか、学校あてに手紙を書きました。当時はエレベーターなどの設備がないという理由で、障害者の受け入れを拒む学校は珍しくなかったのです。正直いうと、この学校を選んだのは、ミッション系なら断られないかな、という計算も少しありましたね（笑）」

予想していたとおり、学校からは「設備はありませんが、それでもよいなら一度見に来てください」という返事がきた。夏休みにオープンキャンパスもあるという。両親と見学に行くと、学部の先生がキャンパスを案内してくれた。小規模な学校なので、フラットなところは車椅子を使い、階段は手すりを使ってゆっくり上れば、なんとかなる——「入試さえクリアすれば……」と、藤田さんの心の中では、長崎での学生生活がどんどん現実味を帯びていった。

ところが、長崎の街の坂道の多さを目の当たりにした父親は「ここで、おまえが暮らすのは無理だ」と、大反対。これまで一人暮らしの経験もなければ、長崎には知り合いもいない。何かあったら、茨城から家族がすぐに駆けつけるというわけにもいかない。

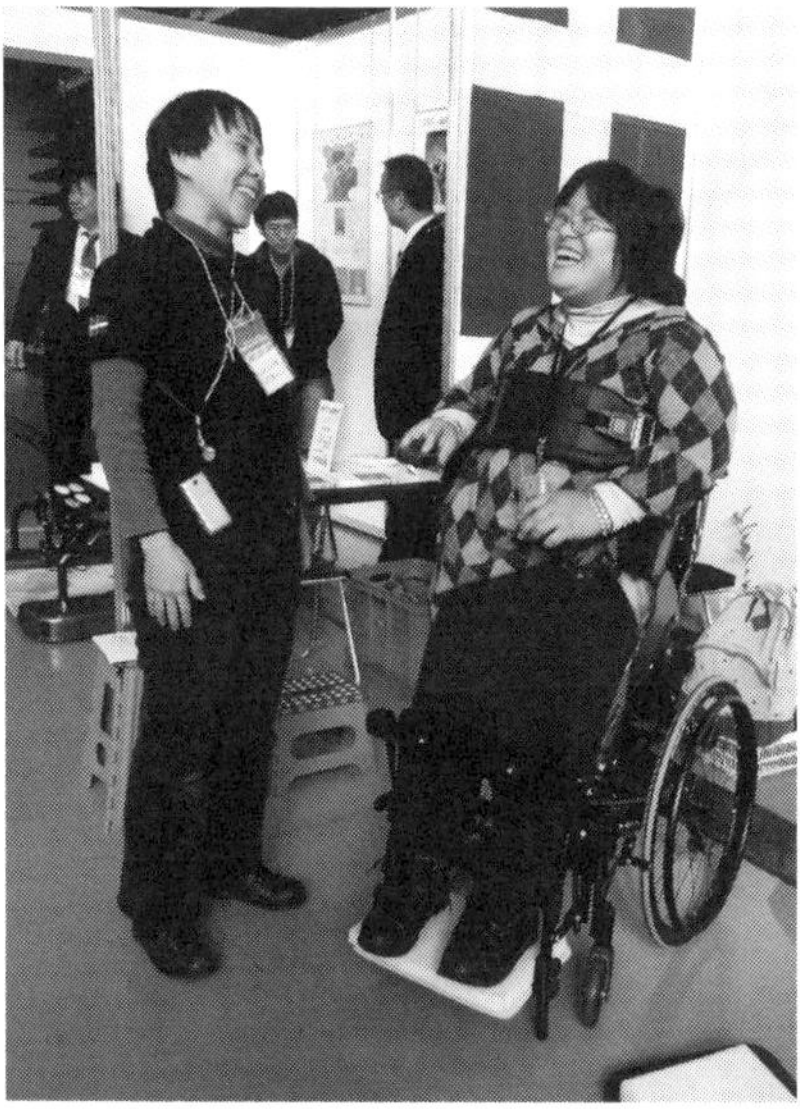
電動式のスタンディング車椅子の試乗。「これがあれば、コピー機の操作も楽ね」

結局、藤田さんは父親の「勝手にしろ」という言葉を承諾と受け取り、長崎で学生生活をスタートさせた。このとき、通常使っている車椅子とは別に学校用の車椅子を購入した。これまで使っていた車椅子は補装具費支給制度上の耐用年数がまだ残っていたので、給付は受けられないはずだった。が、大学に通うためにどうしても必要だということで、特例として給付決定が下りた。この新しい車椅子も地元の車椅子業者に依頼した。これも標準型である。大学に一台置いておけば、学内の移動は俄然楽になる。

藤田さんは、入学式の数日前に学校へ出向いた。学内での車椅子の動きをシミュレーションさせてもらうためだ。教室から教室への移動時間と最短ルートの確認をする。車椅子でスロープを上り下りし、車椅子を降りて、歩いて外階段を上がってみる。通常は使わない実習室の横の通路も利用させてもらう。どこに車椅子を置いておくと最も能率よく移動できるかを徹底的に考えた。階段を上り切ったところに車椅子があれば、わざわざ重い車椅子を運んでもらわなくともすむ。そのためには、二台の車椅子では間にあわず、学校の備品の車椅子も貸し出してもらうことになった。

藤田さんは、選択科目は移動に時間がかからない教室での講義を優先するなどカリキュラムの取り方も研究した。どうしても取らなければならない必須科目で移動に支障がある場合は、学校側に相談し、講義を行なう教室を変更してもらった。先生方も好意的で、「講義の最初の五分くらいは、みな世間話をしているのだから、そんなに急がなくとも大丈夫」と言ってくれた。

下宿も学校に斡旋してもらった。学校の近くにある、一軒家の下宿には五人の先輩と二人の同級生がいたから、さびしさはまったく感じなかった。学校でも下宿でも学友たちが車椅子の藤田さんを気持ちよくサポートしてくれた。

「両親は半年も経てば、泣いて帰ってくるだろうと思っていたそうですが、親の予想をみごとに裏切って私は学生生活をエンジョイしていました。九州弁も覚えましたよ（笑）」

藤田さんは、結局、短大卒業後、系列の大学の三年生に編入。卒業まで計四年間を長崎で過ごした。その後、福祉関係の仕事に就くべく、東京・清瀬市にある日本社会事業大学で福祉学の勉強を始めた。

「このとき、はじめてデザイン――色やフレームの種類――が選べる車椅子を購入しました。『フレームは何色にする？』って聞かれて、すごくわくわくしたのを覚えています」

その後、リジッド式の軽量の車椅子に乗るようになる。きっかけは、車椅子の講習会への参加だった。藤田さんは、重度障害の人ほど軽い車椅子が必要だと説く。軽い力ですっと動くので、思いどおりの動きができる。さらにリジッド式はフレームがたわまないので、歩道の雨水対策の水勾配にも負けないし、背もたれの角度やシートの張り調整ができるので姿勢をうまく保てる。疲れにくいのである。

脳性麻痺の人は不適切な姿勢でいると、からだに緊張が出やすくなる。だから、車椅子選びの一番のポイントは、自分に合った姿勢で軽く漕げる、ということになる。

今、藤田さんは、ほぼ一日中、車椅子に乗っている。車椅子での暮らしで、まず困るのは住居である。玄関前まで車椅子が入らないと困るし、スロープもほしい。座ったままではガス台や洗面台も使いにくい。それ以前に、車椅子だという理由で不動産屋に賃貸物件の斡旋を拒否されることも珍しくない。

それで、数年前、車椅子でも動けるバリアフリーの家をつくることにした。つくば市に決めたのは、通勤の便を最優先した結果だ。設計はメーカーに依頼したが、室内はフラットに、玄関までのアプローチはスロープで、廊下もキッチンもトイレも車椅子で動けるように広めに、居室前のテラスからも車椅子で入れるように……など細かな要望を出した。

「さらに障害が重度になって電動車椅子を使うようになったときのことを考えて、床も頑丈に。リフトを使える空間も確保しました。寝たきりになってもずっと自宅で過ごせる構造にしたつもりです」

壁のコンセントの位置は少し高めに、分電盤も車椅子に座っていて手が届く高さにするなど、すべて車椅子での生活に合わせてある。

藤田さんは現在、つくば市の職員として働いている。障害福祉課にいたときは、たくさんの障害児とその親に接した。車椅子の藤田さんの暮らしぶりを見て、「こんなふうにも生活できるんだ」というひとつの参考や励みになれれば、うれしいという。

「特に昔は『車椅子だから、かわいそう』という感じで見られていました。でも、実は車椅子は、いろいろなことができるのです。乗ってみると、おもしろいし、楽しいし、カッコイイ！　今では少しでも多くの人に、これを伝えるのが私の役目だと思っています。ほら、こんなに小回りも利くんですよ」

藤田さんは、車椅子を小さくシュッと回してこちらを向いた。いたずらっ子のような笑い顔だった。

## 車椅子ユーザーの住まい

住まいのバリアフリー化については、一般の工務店や設計事務所でも経験を重ねてきていて、それを専門とする業者もある。福祉住環境コーディネーターという専門職もできて久しい。国際福祉機器展でも住宅関連の出展者は増加傾向にあり、この傾向は各地域で開催される福祉関連の展示会でも同じだろう。ウェブサイトでも、地域の工務店から大手のハウスメーカーまでさまざまな業者がいろいろな情報を提供している。

一方で、車椅子ユーザーが新築あるいはリフォームする場合、当事者だから気づくことも多い。分電盤を低い位置にしたり、逆に壁のコンセントは高めにするなどは、注文する側からの提案になるだろう。プロのアドバイスが必要な要素も多くある。たとえば、車椅子で動きやすく、かつ汚れや傷に強い床材の選定、物干しのあるベランダのサッシ部分の段差解消。浴室の洗い場を床暖房にするかどうかなど予算の問題も大きいので、よく相談しておきたい。

家電製品は、車椅子ユーザーの経験や工夫が、より発揮される部分である。たとえば、冷蔵庫。家族が多い場合は大型のものが要るかもしれないが、大型になればなるほど上部の棚は奥の方が見えないし、出し入れにも困る。そこで、小型の冷蔵庫を二つ並べて置くといったアイデアが生まれる。設置スペースだけでなく、冷蔵庫の開く向きや車椅子との位置関係、車椅子が旋回できるスペースがあ

## コラム

るかなども要チェックだ。下のほうに手が届きにくい場合、小さな冷蔵庫なら台に載せて使うという選択もある。洗濯機は、洗濯漕の向きや高さ、操作表示盤の位置などがポイントになる。いずれにしろ、事前のシミュレーションをしたうえで大型家電販売店で現物を確認するといい。

カーテンの開け閉めが苦手な車椅子ユーザーがいるかもしれない。こんな人はクリーニング店が高い所にハンガーを掛けるのに使っている「掛け棒」が役に立つ。床にある物や少し離れた所にある物を取るのに「火ばさみ」を活用している人もいる。身の周りの小さな工夫の蓄積も快適な暮らしに必要だ。

外回りも工夫の余地がある。車椅子や電動車椅子を外と自宅内の両方で使う人は、土や砂を室内に持ち込みやすい。特に雨の日などは気になるものだ。溝の浅いタイヤにしたり、玄関やアプローチに少し長めに人工芝を敷いておいて、その上で前後に動くとタイヤの汚れを落とすことができる。

外用の電動車椅子を室内に持ち込めない場合、充電用のコンセントや雨降りのときを考慮した作りが必要だ。玄関にコンセントを設けたり、庇《ひさし》を延ばしたり、雪国のような二重玄関やサンルームを作ることも検討したい。また、屋外と玄関に段差があり、スロープを設置するスペースがない場所では電動昇降機を利用すると便利だ。壁沿いのスロープで、直角に曲がって家に出入りする場合は、スロープ幅や踊り場の寸法に余裕を持って作ることも大切だ。

新築もリフォームも出費が大きいだけに失敗は痛い。業者に任せきりにしないことだ。

堀内賢一さんに聞く

# キャスター上げができれば、居酒屋にも気軽に行ける

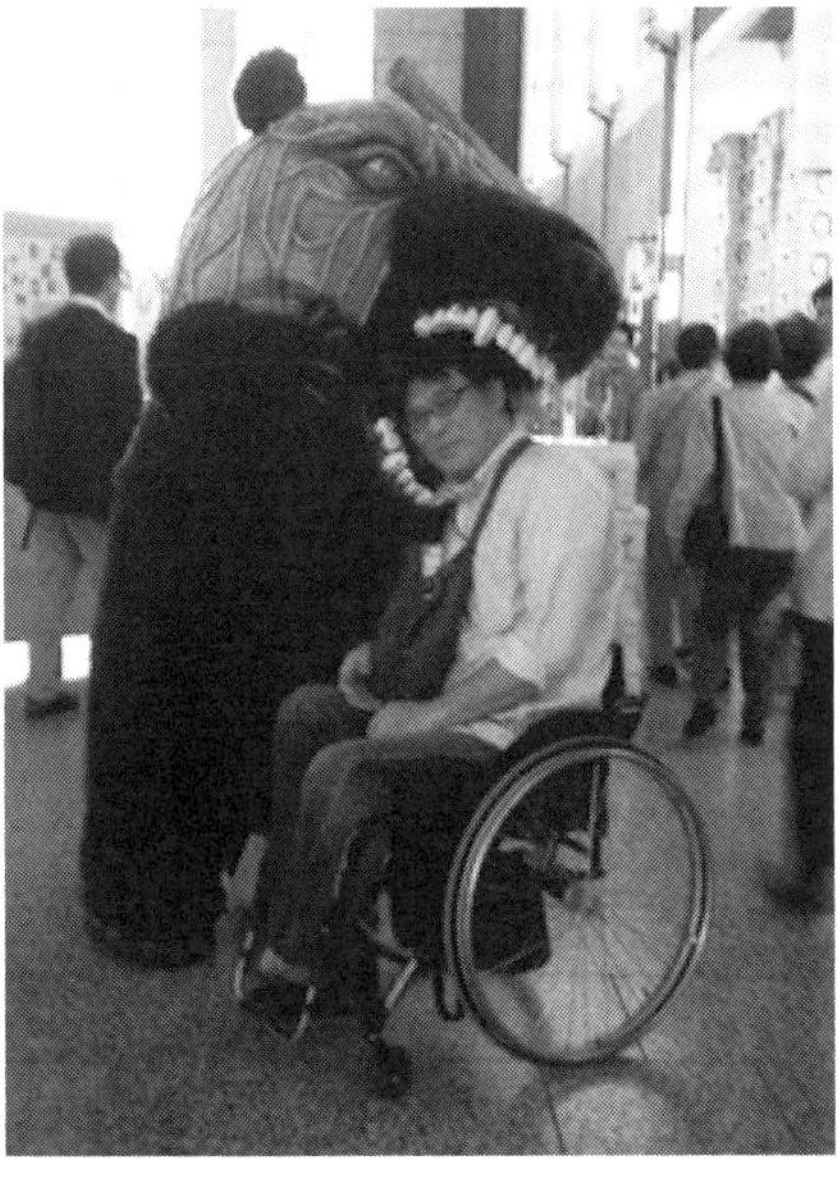

●一九六六年、東京生まれ。東京都練馬区在住。都庁のそばの職場まで電車で通っている。パンテーラを二台所有、室内用と外出用を使い分ける。現在、766の後輪を二五インチにした車椅子を検討中。開設中のブログ「ちょっと出かけてくる！　車いすだけど」は、車椅子ユーザーたちの貴重なお役立ち情報源。Facebookやツイッターなどでも車椅子関連の情報を発信している。おしゃれで車椅子アクセサリーにもこだわりを見せる。

待ち合わせは、地下鉄大江戸線・光が丘駅の改札。地下である。時間ぴったりに現れた堀内さんは挨拶がすむと、エレベーターではなく一階に続くエスカレーターのほうへすたすた向かう。車椅子だから、ぴゅーっという表現がふさわしいのかもしれないが、この人の動きは車椅子を感じさせない。だから、〝すたすた〟のほうが似合っている。

「こっちですよ」と私を気遣いながら、車椅子を漕ぎ、上りのエスカレーターに乗る。私もその後に続いた。堀内さんは、車椅子の前方のキャスターをひょいと上げ、エスカレーターの一段分にタイヤを乗せて、事もなげにバランスを取っている。

「すごいですね」と私が言うと、「理屈がわかれば、簡単」と、堀内さん。左手はエスカレーターのベルトに、そっと添えているだけだ。

「車椅子って不便そうだけれど、思ったよりも不便ではないんですよ。車椅子歴九年。ただし、キャスター上げができるようになったのは、三年ほど前です。それまで、ちょっとした段差はがぁーっと勢いというか力づくで越えてました（笑）」

堀内さんが車椅子に乗るようになったのは二分脊椎症のためだ。背骨の後ろの脊椎を覆っている椎弓《ついきゅう》が分離し、両足がマヒする先天性の障害である。症状が変化し、杖を使うようになったのは三〇歳くらいから。車椅子を使うようになったのは、三〇代後半からだという。

「僕の場合は、すごく珍しいって言われるんだけれど、車椅子を使うようになって本当に楽しくてしょうがないんです。車椅子なら、あちこち行ける。どこまででも行けるでしょ」

それまでは、腕に装着するタイプの杖、ロフストランドクラッチを使っていたから、いくらがんばっても移動できる距離はたかが知れていた。杖で歩くと、一〇〇メートルでもぜいぜいと肩で息をするありさまなのに、車椅子ならキロメートル単位の移動も楽にできるのだ。

一般的に後天的な障害で車椅子を使うようになった人たちは、それまでより活動範囲が狭まくなる。が、堀内さんの場合、車椅子を使うことで活動範囲は飛躍的に広くなった。

「車椅子って魔法みたいだなって思いましたよ」

石神井川沿いをずっと走って王子（北区）まで行き、おでん屋さんで腹ごしらえをして、葛餅《くずもち》を買って帰るなんていうのは、序の口。都内なら鉄道を使ってどこへでも行く。明治神宮やレインボーブリッジにも出かけた。

堀内さんの車椅子での移動距離は半端ではない。堀内さんのブログ「ちょっと出かけてくる！　車いすだけど」には、車椅子で出かけたときのさまざまなエピソードが写真や動画とともに紹介されている。車椅子ユーザーにとって役立つ情報が多いばかりか、健常者がふつうに街を歩いていたのでは気づかないバリアフリーの死角もわかり、興味深い。

九年前、車椅子を使おうと決めた堀内さんがまず訪れたのは、最寄りの福祉事務所であった。そこでレンタルの車椅子を手配してもらったが、それは病院や美術館などに置いてある標準型の車椅子。折りたたみ式で座り心地も悪かった。

「僕はビギナーではあったけれど、『こんなのしかないのかなあ……』と思いました」

パソコンで検索すると、タイミングよく東京ビッグサイトで国際福祉機器展が開催されていた。そこへ行けば、さまざまなメーカーの車椅子を実際に見られるし、試乗もできそうだ。堀内さんは〝どうしようもない車椅子〟で、福祉機器展へ出かけた。

「すごくきれいで、かっこいい車椅子がいろいろありました。乗り心地も軽トラと乗用車くらい、差があるんですよ」

今日はハンドサイクルの試乗会に出かけてみた

もちろん、軽トラは病院などに置いてある〝ないよりまし〟な車椅子、乗用車は福祉機器展に出展されている〝きれいでかっこいい〟車椅子である。
スウェーデンの車椅子メーカーのブースでやっていた実演を見て、堀内さんはその車椅子の購入を決めた。
「決め手は、きちんとした姿勢が保てること。街で見る車椅子の人たちって、みんなお尻が前のほうにずれて背中を丸めた座り方をしているんです。実演していた人が本当にきれいな座り方をしていたから、この車椅子なら疲れないし、たくさん動き回れると思って……」
その車椅子は折りたためないタイプだっ

たが、車に乗るときは「タイヤを外して積み込めばいい」と言われ、即決した。

ところが、かっこいい機能的な車椅子を手に入れたのに、堀内さんは六年間、キャスター上げができなかった。いや、知らなかった。なぜなら、車椅子を納めにきた業者は、その車椅子の特徴や操作方法について何ひとつ教えてくれなかったからだ。

「だから、それからも段差は、がぁーっとですよ（笑）。移動距離は、ものすごく伸びたけどね」

堀内さんがキャスター上げを知ったのは、三年ほど前、二台目の車椅子を買ってからだ。これも同じスウェーデンのメーカーのものだ。

「骨髄炎で左足を膝から切り落としたので、家の中も車椅子にしようと思ったんです」

最初は公費の基準額で納まるものをと思ったが、その範囲の車椅子を試乗してみると、力は逃げるし、フレームは横にたわむし、動きもぎこちない。堀内さんは、このとき、車椅子の性能の違いを再確認した。どこにでも行けるのは自分自身の体力のおかげかと思っていたが、実は車椅子の性能にも助けられていたのだ。堀内さんは、結局、公費分との差額を自分で支払って同じメーカーの車椅子を入手した。

その直後、車椅子の代理店の人から岡野さんのことを聞き、「車椅子テクニックセミナー」に参加した。

「セミナーのことはネットで知っていたんですよ。ネットは居ながらにして情報収集ができるから、活用しない手はないですね。でも、詳しい内容がイマイチわからないから、決め手は、やっぱり口コミかなあ……」

セミナーで、キャスター上げができるようになった堀内さんは、入り口の段差がクリアできず、諦めていた飲み屋にも通えるようになった。今ではがぁーっと勢いをつけなくても、静かにゆっくり段差を越えることができる。

「要するにテコの原理。重心のかけかたが理解できれば、あとはちょっと練習すれば、バランスが取れるようになりますよ」

ユーザーの車椅子に対する思いはさまざまだ。堀内さんは「車椅子は道具。だけれども、それがいい道具なら、からだの一部にもなる」という。

## 車椅子のネット情報

インターネットは、スマートフォンの普及で、車椅子ユーザーの強い味方になった。出先でスマートフォンを使ってリアルタイムでバリアフリー情報にアクセスすることができる。そんななか車椅子ユーザーをはじめ、障害のある人向けに開発されたアプリも数多く公表されている。

車椅子ライフを快適にしようと作られたアプリの一つが「チェック ア トイレット」。これは、最寄りの車椅子対応トイレの場所を検索できる無料のアプリだ。トイレの広さ、内部の写真をはじめ、手すりの取り付け位置や便座の向き、洗浄便座、オストメイト対応かどうか、駐車場の有無など内容は詳細だ。登録しておけば、情報の提供も可能。対応トイレを出先で発見！――新情報を真っ先にアップロードするとポイントが加算され、ちょっとしたゲーム感覚も楽しめる。情報のアップは個人だけでなく、会社や団体として取り組んでいるところもあり、ポイントランキングも発表されている。

車椅子ユーザーが発信しているブログやSNS、ホームページの情報は、暮らしの工夫やファッションから海外旅行まで、写真や動画を交えて多彩だ。ほとんどが実際の体験をもとにしているから具体的で参考になる。

なかでも「車椅子ウォーカー」のホームページは、車椅子でのお出かけを映像のプロが取材・編集した密度の濃い動画にして紹介している。一本二～三分のプログラムがすでに

## コラム

八〇本近く。「遊ぶ」「泊まる」「福祉機器」「海外」といった分類がされていて利用しやすい。釣り船のレポートでは、船酔いでダウンした取材スタッフを横目に車椅子ユーザーがアジをたくさん釣って楽しんでいた。

「車椅子ウォーカー」の主催者が関わっている「みんなでつくるバリアフリーマップ」プロジェクトも今後の展開が楽しみだ。これは、車椅子に取り付けたスマートフォンを利用して位置情報や画像、路面の凸凹などさまざまなデータを集積し、バリアフリーマップとして公開していこうという壮大な計画。まずは二〇二〇年のオリンピックに向けて日本国内の協力者によってデータを集めて公開。いずれは世界中に広めようという構想だ。

また、海外のサイトにも日本の車椅子ユーザーの参考になるものが多い。たとえば、脊髄損傷の車椅子ユーザーを対象にしたスウェーデンのサイト（spinalistips）、子どもの車椅子ユーザー向けのイギリスのサイト（whizz-kidz）は充実している。

ただし、ネットの活用は便利だが、限界があることも事実。情報が古いかもしれないし、バーチャルでは分からないことも多い。たとえば車椅子選びは、福祉機器の展示会やイベントに出向いて、実物に接することが大切になる。デザインやサイズ、重さ、付属品の種類などはネット情報で分かるけれど、操作の軽快さや路面の凸凹から受ける振動の具合などは、乗って試して初めて分かる。ネットで下調べをして不明なポイントを整理して、それから実際にチェックすると確実だ。実際に体験した車椅子情報を今度は自分でネットに上げてみよう。

## 三浦義之さんに聞く

# オプションを加えていくと、自分だけのものになる

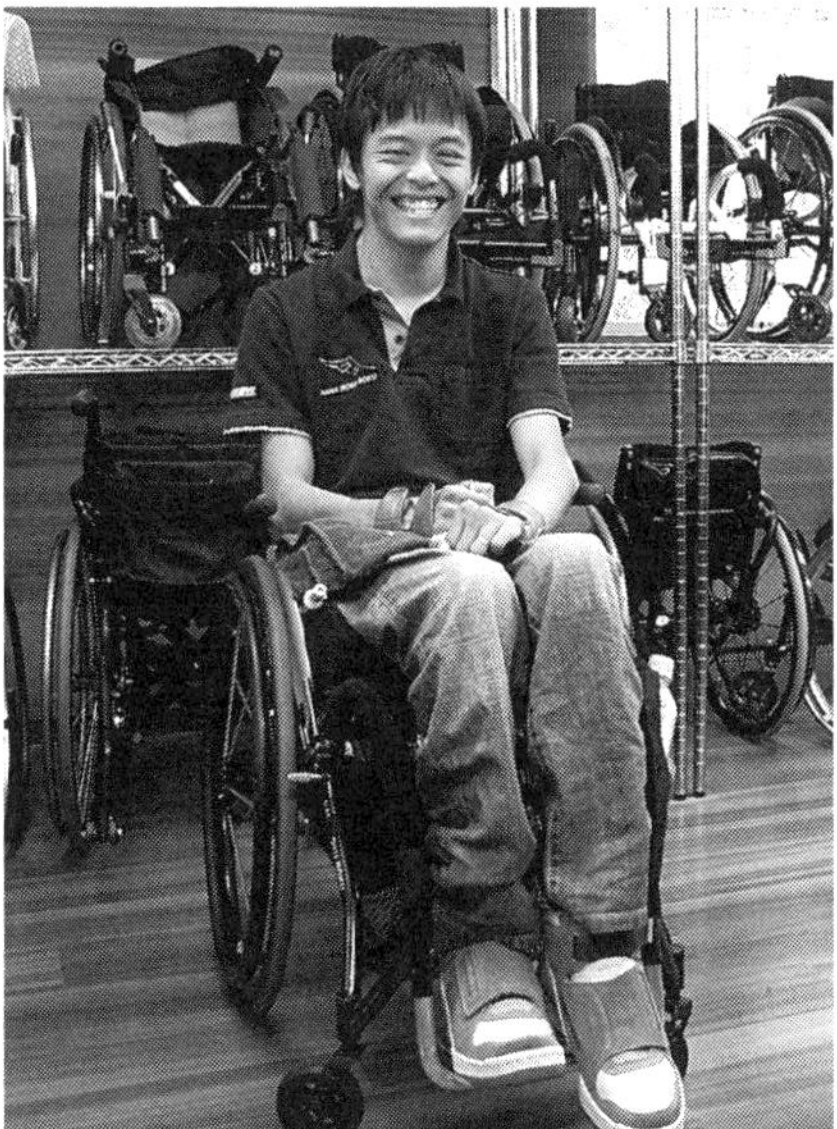

●一九八二年東京・八王子生まれ。株式会社766勤務。高校から体操をはじめる。二〇一三年、車椅子バスケットで知り合った女性と結婚。愛車のホンダオデッセイと自ら工夫を加えたリジッド式車椅子を乗りこなす様子をYoutubeで公開している。車椅子はもちろん766のゼロだ。新車開発のスタッフとしても社長の期待の星だ。

三浦さんは、東京・八王子にある車椅子の開発・製造・輸入・販売を行なう会社に勤めている。きっかけは、リハビリ時代に知り合った友人が「知り合いの会社だけど、面接を受けてみない？」と声をかけてくれたことだ。三浦さんいわく「八王子は自分が生まれ育った町でもあったし、車椅子の開発という点にも興味を惹《ひ》かれました」。入社一年三か月の三浦さんの仕事は、いわゆる事務職だが、時にはユーザーの家を訪問することもある。

「自分が車椅子を使っていても商品知識はまだまだ足りない。次々と新しい情報も入ってくるし、もっと勉強しないとだめですね」

会社の名前は「株式会社７６６」。車椅子インストラクターの岡野善記さんが起業した会社である。

三浦さんは、家の中でも車椅子を使っている。車椅子を使うようになったのは、一八歳のときに脊髄に障害を負ったためだ。大学では体操部に所属。床運動の練習中、宙返りに失敗して首から落ちた。体幹や下肢だけでなく、手や指にも麻痺が残った。

リハビリは、二年間以上にも及んだ。一通りリハビリが終了して、一人暮らしができるようになったのは二一歳のときである。それから、大学に復学した。

「元の場所に戻りたい。自分の好きな場所にいたいという気持ちがすごく強かったんだと思います。自分は（体操が）できなくても、床をやっている仲間たちを見ていたかった。その空気の中に身を置いていたかったのです。一人暮らしができなければ、地方にある大学には残れない。だから、復学を決めたら、ひたすらリハビリでしたね」

三浦さんは高校時代に体操を始めた。幼いころ、家族と訪れた日光江戸村で宙を飛び、天井に張りつく忍者たちのアクションを見た。俳優たちの軽やかな身のこなしに魅せられた。自分もバク転や宙返りができるようになりたいと思った。その気持ちが体操を始めるきっかけになった。高校卒業後は、体操強豪校として知られる愛知県の大学に進んだ。

体操に限らず、スポーツをやっていれば、誰しも一度や二度は捻挫や骨折を経験する。だから、救急車で病院へ搬送された三浦さんは、一～二週間もすれば、歩けるようになると思っていた。そんなとき、見舞いにきた体操部の先輩に「一生、車椅子だと思うよ」ときっぱり言われた。二年上のその先輩は、やはり練習中に脊髄を損傷、車椅子生活を余儀なくされていた。

「落ち込まなかったといったら嘘ですが、先輩に歩けるようにはならない、とはっきり言われたことで、前を見ることができました。復学したいと思ったのも身近に車椅子の先輩がいたからだと思います。好きで体操を始めたのに、けがをしなければ、体操をやっていなければ……と考えるのは、これまでの自分をすべて否定するみたいで、いやでした」

三浦さんは、車椅子になって落ち込んでいる入院仲間に少しでも早くリハビリを始めるよう、勧めた。同じ年頃の仲間を誘い、車椅子で食事やカラオケに出かけた。「自分はあれができない」ではなく「自分に何ができるか」が大事だと思った。「車椅子で移動できるんだから」「人より時間がかかるなら、その分早くスタートすればいい」と考えを改めたという。慣れれば、外出もできるし、電車にも車にも飛行機にも乗れる。

三浦さんの一台目の車椅子はコンパクトな折りたたみタイプ。病院のリハビリのときに周囲の人が乗っているのを見て、同じようなタイプを選んだ。もちろん、自分で動くことが前提だから介護用ではなくアクティブユーザー向けのものだ。

「ただし、当時は車椅子の情報はあまりなかったですね。だから、一台目が壊れて、固

ホーステール優勝！ この大会のMVP、憧れのチームメイトと

定式の車椅子に乗り換えたら、本当に軽く漕げるので、こんなのがあったんだ、とちょっと感激しました」

リジッド（固定）タイプの車椅子は折りたたみタイプと違って力が逃げないので、軽く漕げるのだ。車に積み込むときなどは、タイヤを外す操作が必要になるが、これも本当に簡単にできた。

車椅子の操作は慣れもあるかもしれないが、やはり車椅子選びが大きなポイントになるのは言うまでもない。仕事で専門に扱っている三浦さんが車椅子選びで最も重視する点は、本体の軽さだという。軽ければ、漕ぐときも車の積み降ろしなどのときも手首や肩への負担を小さくすることができる。

車椅子の知識がない人は、どうしても機能性より表面的なデザインや付属品など見た目で選んでしまう傾向がある。が、やはり、最も重視すべきは機能性だ。それぞれのユーザーにあった調整はもちろん、オプションをつけてもらったり、改良を加えるのも快適に乗りこなすためには必要だ。

「わがままだと思われてもいいから、リハビリの専門家とも相談し、業者やメーカーに自分の要望をしっかり伝えることですね。普通、購入したら五～六年は乗りますから、妥協せずに自分にとっての乗りやすさを追求してください。ユーザーの中には車椅子はからだの一部だという人もいます。自分自身は一八歳まで歩けていたから、やっぱり道具としてとらえています。でも、自分で選んで、必要なオプションを加えていくと、自分だけの車椅子になる。そういう意味では、からだの一部と言ってもいいのかもしれません」

三浦さんの車椅子のブレーキは通常のものとは異なり、からだの状態に合わせて手前に引くようになっている。腕が疲れたときのことを考えてアームサポートもつけている。

三浦さんは日常的に使う車椅子の他に、もう一台車椅子を持っている。それはバスケット用の車椅子だ。三浦さんがやっているのは、低い位置にも籠がある車椅子ツインバスケットボール。リハビリ病院の体育館で車椅子のバスケットの練習を見ていたら、チームの一人から「バスケ、やってみない？ 試しにこれ（車椅子）に乗ってみなよ」と誘われた。その車椅子に乗ってみたら、小回りが効くし、何だかバスケットができそうな気がしてきた。楽しそうだった。二三歳のことである。

「球技ははじめてなので、ボールの飛んでくる感覚とかが新鮮でした。それと、体育館に行けば、仲間がいるというのはうれしい。いや、一番うれしかったのは、動くのが好きなんだ、と再認識できたことかな」

今、三浦さんは「ホーステール」というチームに所属し、週に一〜二回、一回五時間くらいの練習をしている。練習に出たくて、車椅子を積んで移動するために車の運転も始めた。バスケットをはじめたら、練習試合などもあり、行く場所がどんどん増えて、それにともない仲間や知り合いも増えた。車椅子でも、いや車椅子だから体験できる楽しいこともいっぱいあるのだ。車椅子そのものがコミュニケーションのきっかけになるのである。

バスケットのおもしろさは、試合中に一対一で負けても、五対五では勝てること。ここがチームプレーの醍醐味である。三浦さんの役割は自らシュートするのではなく、仲間をフリーにし、得点のチャンスをつくることだ。ホーステールは現在、車椅子ツインバスケットボールで日本一であるが、三浦さんの目標は自分が選手として試合に出場し、身をもって日本一を体験することだという。

「子どものころから、他人に頼るのは好きじゃなかった。でも、今は甘えるのではなく、できないことは素直に頼めるようになりました」

この気持ちの変化は、個人プレーの体操からチームプレーのバスケットに変わったことと無関係ではないだろう。ちなみに三浦さんは結婚したばかり。お相手は対戦チームのマネージャーだ。二人で何度も訪れたお気に入りのデートスポットは、東京ディズニーランドだという。

コラム

## 車椅子の球技

車椅子ユーザーが行なう球技の中で、歴史も長く競技者が多いのはバスケットボールだ。パラリンピックの人気種目の一つでもある。『リアル』（井上雄彦作、一九九九年〜）は超人気漫画で、これで障害の程度による持ち点制度があるなどのルールを知った人も少なくないだろう。

日本では、世界中で広く行なわれている車椅子バスケットボールのほかに、独自のルールを持つツインバスケットボールという競技がある。ツイン＝ふたつ、という名のとおり、通常のバスケットのほかに、低い位置に置かれた第二のバスケットゴールがあり、高いゴールにシュートできない選手はここに入れると得点になる。一般の車椅子バスケと同様、選手には障害の程度により持ち点（ポイント）があり、障害の重い選手は持ち点が低い「ローポインター」と呼ばれる。コート内でゲームに参加できる選手の持ち点の合計制限のルールがあり、ローポインターの選手が試合に参加できるようになっている。頸髄損傷など、比較的障害の重い車椅子ユーザーもゲームを楽しめるように考案されているのだ。

頸髄損傷の人が参加できる競技として「ウィルチェアラグビー」が挙げられる。障害の重い選手もフィールドに入って活躍できるように工夫されているのはツインバスケと同様だ。ボールはラグビー用ではなくバレーボール用を使う。スナップをきかせたパスができない選手は、バレーボールのサーブのように手のひらで打ってボールを飛ばすことができる。また、車椅子同士がぶつかり合うタックルが許されているので、ガードが付いた競技専用の車椅子が開発されている。

ウィルチェアラグビーは北米で始まり、世界選手権も開催されている。車椅子同士がぶつかり合う激しい競技で、パラリンピックでも指折りの人気種目になっている。日本チームは世界ランキング四位だ（二〇一四年）。

電動車椅子ユーザーも楽しめる球技もある。一九七〇年代にフランスで始まった電動車椅子サッカーで、日本でも各地でチームが結成されている。当初は電動車椅子も車のタイヤを半分に切ったガードをつけた程度で、〝競技度〟は高くはなかった。しかし、最近は、サッカーをするためにリチウムイオン電池を搭載して軽量化したり、重心位置も変えて俊敏に動けるように改造を施した電動車椅子も使われて競技化が進む。電動車椅子の性能に相まって、選手の技術や戦術も高度化し、スピード感あふれる試合が繰り広げられる。なかには人工呼吸器を搭載した選手も混じっている。

車椅子テニスも七〇年代に競技として始まった。リジッド式車椅子の草創期に名を残すクアドラの開発者ジェフ・ミネブレーカーさんやクイッキーの開発者マリリン・ハミルトンさんは車椅子テニスの選手としても有名だった。ちなみに、後輪をワンタッチで外せるクイックレリーズ式の車椅子を最初に作ったのがジェフ・ミネブレーカーさんである。

現在、車椅子テニス界では、日本の国枝慎吾さんと上地結衣さんが全英や全米の大会で優勝するなどして注目されている。

# あとがきにかえて

今から二〇年前の一九九五年。スウェーデン製の車椅子・パンテーラの日本総代理店が、車椅子取扱事業者向けの講習会を開いた。私も参加したが、そのときの講師が、後に日本で初めて開かれた車椅子テクニックセミナーでインストラクターを務めることになるバーント・ショベリーさんである。

バーントさんは脊髄の病気に罹《かか》り、一一歳で車椅子を使うようになった。そして二七歳のとき初めて、レクレテーリング・グルッペン（RG）という車椅子ユーザーの団体が主催するテクニックセミナーに参加。RGには車椅子ユーザーになって三か月ほどの少年もいたが、自分より少年の操作のほうがずっと上手なことに愕然《がくぜん》とした。自己流では限界があること、先輩に習い仲間と学び合うことの大切さを痛感したバーントさんはRGに加わり、車椅子の操作技術の向上に努め、それを生活や仕事に生かすことに取り組んできたという話だった。

これ以降も講習会や車椅子ユーザーを交えたミーティングなどは開かれていたが、七年後の二〇〇二年になって、〈ユーザーを主な参加者として宿泊しながら車椅子について総合的に学ぶ〉というかたちで第一回車椅子テクニックセミナーを開くことができた。ところで、パンテーラの輸入からRGの紹介、セミナー開催など一連の動きの中心にいたのは、工業デザイナーで現在パンテーラ・ジャパン（株）顧問・（有）でく工房取締役会長の光野有次さんである。その光野さんから、スウェーデンで車椅子インストラクターの研修を受けた人がいることを聞いた。セミナーの事務局を私たちこっぱ舎が担当、次の計画をしているときのことだ。

バーントさんの講習から一〇年が経った二〇〇五年。日本初の車椅子インストラクターとなった岡野善記さんをアシスタントに迎えて、第四回車椅子テクニックセミナーが開催された。

光野さんは、RGが象徴する欧米で始まった〝新しい車椅子文化〟を日本に伝えようとしていた。その文化は、ハードウェアとしての車椅子だけを見ていくのではなく、車椅子ユーザーのシーティング（座り方）、暮らしや社会との関わりといった総合的な視点で、専門家と利用者の対等な関係からつくりだしていくものなのだと私は思う。そして、岡野さんは〝新しい車椅子文化〟の担い手なのだと言えるだろう。

岡野さんが車椅子インストラクターになって一〇年めの二〇一五年。本書を刊行することができた。岡野さんには、まだまだ書き足りないこともあるだろう。DVDで紹介できていない

## あとがきにかえて

テクニックのことも気になっているに違いない。蜂須賀裕子さんは人物インタビューが得意なフリーライターだ。だから車椅子ユーザーの〝普通の姿〟を描けた。けれど、蜂須賀さんも時間と紙面の制限を残念に思ったことだろう。いずれにしろ、この二人が、私たちこっぱ舎が出した小さな企画を大きな成果に育てあげたのはたしかだ。

本書は車椅子テクニックセミナー参加者・スタッフをはじめ大勢の方々の力でできました。第一部の最初の扉の写真は、今春大学に進学した清田明さんの作品です。車椅子インストラクターの活動を表すビジュアルとして最適だと思いました。第二部のインタビューに応じていただいた方々には写真提供もお願いしました。お陰で車椅子ユーザーの多彩な姿を伝えることができたと思います。

皆さん、どうもありがとうございました。関係者を代表して厚く御礼申し上げます。

また、車椅子テクニックセミナーに尽力していただいた小林玄宣さんには天国から応援してくださったことと心より感謝しています。

二〇一五年四月一二日

こっぱ舎　橋本和雄

付属ＤＶＤの構成

## 車椅子テクニック～その基礎と応用～

講師　岡野善記
企画　こっぱ舎
撮影編集　をはら影樂堂

**車椅子に関わる三つの要素**

**基本的なテクニック**

座る　こぎ方　止まる　後ろ向きにこぐ　曲がる
回る練習方法　周囲を利用してスムーズに回る

**応用テクニック**

上り下り　扉の通過　荷物を持つ　熱い飲み物
段差を越える　キャスターを上げる
階段を下りる　階段を上る

複製不能／ COLOR ／片面・１層／ 39 分

## 著者略歴


### 岡野善記（おかの・よしのり）

1976年神奈川県生まれ。立正大学心理学部臨床心理学科卒業。ハンググライダー・パラグライダーの練習場の整備中、事故で車椅子乗りになる。IT関連企業の人事・人材育成部門勤務を経て2011年にリジッドフレーム専門の車椅子メーカー株式会社７６６を設立、代表取締役に就任。
スウェーデンの車椅子インストラクターの第一人者オーケ・ノルステンさんに師事、車椅子のセッティング・シーティング・駆動、インストラクションについて学ぶ。会社経営の傍ら、車椅子インストラクターを務める。

### 蜂須賀裕子（はちすか・ひろこ）

1953年東京都生まれ。武蔵大学人文学部、和光大学人文学部卒。編集者を経てフリーライターに。女性、子ども、高齢者、農業、食、体などをテーマに人物インタビューを機軸としたルポを執筆。著書に『脳を元気に保つ暮らし方』（大月書店）『農業で子どもの心を耕す』（子どもの未来社）『いまこそ「都市農！」』（共著、はる書房）などがある。



**車椅子インストラクターという仕事**

2015年6月10日

著　者　岡野善記　蜂須賀裕子

発行所　株式会社はる書房

〒101-0051　東京都千代田区神田神保町1-44　駿河台ビル
電話・03-3293-8549　FAX・03-3293-8558
http://www.harushobo.jp/

企　画
橋本和雄・長谷川美紀・後藤美汐・保野真一・野口英司・宮川典子（こっぱ舎）
編　集　佐久間章仁（はる書房）
ブック＆レーベルデザイン　原島康晴（エディマン）
イラスト　岩井友子（放牧舎）
DVD撮影編集　小原信之・関根理香（をはら影樂堂）

印刷・製本　中央精版印刷




ISBN978-4-89984-151-7 C0036

# 1年間のボランティア

## そんな人生の寄り道もある——V365 若者たちの物語

三原 聡【著】
社団法人日本青年奉仕協会（JYVA）【協力】

四六判並製・370 頁・本体 1,700 円　ISBN978-4-89984-101-2

**生きる手ごたえと、**
**自分らしさを求める若者へのメッセージ**

「ほんとうに大切なことは、小さな声で語られる。三原さんはそれをよく知っている。だから、こんなにも丁寧で優しいノンフィクションができあがった。

　1年間のボランティア体験によって変わった自分、変わらなかった自分、いままでの自分、これからの自分……若者たちの言葉を聞き取る 20 代の若き書き手は、彼らとともに、社会の中で生きることへのささやかな讃歌をそっと歌っているのだ。」——**重松清氏絶賛 !!**


**「1年間ボランティア」とは…**

　社団法人・日本青年奉仕協会（JYVA：ジバ）が 1979 年より運営する長期ボランティアプログラムのこと。文字通り 1 年間、ボランティアを医療や福祉施設、フリースクールなどの教育施設などに派遣する。ボランティアは、現地に住み込みフルタイムで活動し、月々数万円の生活費（活動費）を支給される。ボランティア経験などの応募条件はないが、参加できるのは 18 歳から 30 歳の若者である。